工伤保险条例

全国职工『八五』普法简明读本

学习强会 编

LAW

中国工人出版社

本书编委会

（按姓氏笔画为序）

编者的话

《中央宣传部、司法部关于开展法治宣传教育的第八个五年规划（2021—2025年）》指出，我国开启全面建设社会主义现代化国家新征程，进入新发展阶段，迫切要求进一步提升公民法治素养，推动全社会尊法学法守法用法。2021年9月，中华全国总工会办公厅印发的《关于在工会工作者和职工中开展法治宣传教育的第八个五年规划（2021—2025年）》，要求各级工会组织以习近平法治思想引领工会普法工作，推动普法工作守正创新、提质增效、全面发展。因此，做好普法宣传工作，完善宣传的内容、途径和手段，对于普法工作的开展具有十分重要的意义。

为了进一步推动国家“八五”普法工作，结合全国工会系统开展“八五”普法，适应新就业形态发展和促进劳动关系和谐稳定需要，针对与职工切身利益密切相关的法律法规，我们策划出版了“全国职工‘八五’普法简明读本”丛书（共12册）。本丛书以工会开展普法工作为切入点，聚焦职工群众最关心最直接最现实的利益问题，重点解读了与职工劳动权益相关的劳动法律知识。在内容构成上，以法律文本为主线，设置了“职工权益导读”版块，通俗地解答了与职工权益相关的问题，并附录了相关法律文书，方便职工参考使用。

希望这套丛书的出版，能够帮助广大职工了解、掌握一些必备的法律常识，增强法治观念，提高法律素养，同时对工会组织职工、引导职工、服务职工、维护职工合法权益等起到积极的作用。

目　录

Contents

工伤保险条例

（2003年4月27日中华人民共和国国务院令第375号公布　根据2010年12月20日《国务院关于修改〈工伤保险条例〉的决定》修订）

第一章　总　　则

第一条　为了保障因工作遭受事故伤害或者患职业病的职工获得医疗救治和经济补偿，促进工伤预防和职业康复，分散用人单位的工伤风险，制定本条例。

第二条　中华人民共和国境内的企业、事业单位、社会团体、民办非企业单位、基金会、律师事务所、会计师事务所等组织和有雇工的个体工商户（以下称用人单位）应当依照本条例规定参加工伤保险，为本单位全部职工或者雇工（以下称职工）缴纳工伤保险费。

中华人民共和国境内的企业、事业单位、社会团体、民办非企业单位、基金会、律师事务所、会计师事务所等组织的职工和个体工商户的雇工，均有依照本条例的规定享受工伤保险待遇的权利。

第三条　工伤保险费的征缴按照《社会保险费征缴暂行条例》

关于基本养老保险费、基本医疗保险费、失业保险费的征缴规定执行。

第四条 用人单位应当将参加工伤保险的有关情况在本单位内公示。

用人单位和职工应当遵守有关安全生产和职业病防治的法律法规，执行安全卫生规程和标准，预防工伤事故发生，避免和减少职业病危害。

职工发生工伤时，用人单位应当采取措施使工伤职工得到及时救治。

第五条 国务院社会保险行政部门负责全国的工伤保险工作。

县级以上地方各级人民政府社会保险行政部门负责本行政区域内的工伤保险工作。

社会保险行政部门按照国务院有关规定设立的社会保险经办机构（以下称经办机构）具体承办工伤保险事务。

第六条 社会保险行政部门等部门制定工伤保险的政策、标准，应当征求工会组织、用人单位代表的意见。

第二章 工伤保险基金

第七条 工伤保险基金由用人单位缴纳的工伤保险费、工伤保险基金的利息和依法纳入工伤保险基金的其他资金构成。

第八条 工伤保险费根据以支定收、收支平衡的原则，确定费率。

国家根据不同行业的工伤风险程度确定行业的差别费率，并根据工伤保险费使用、工伤发生率等情况在每个行业内确定若干费率档次。行业差别费率及行业内费率档次由国务院社会保险行政部门制定，报国务院批准后公布施行。

统筹地区经办机构根据用人单位工伤保险费使用、工伤发生率等情况，适用所属行业内相应的费率档次确定单位缴费费率。

第九条 国务院社会保险行政部门应当定期了解全国各统筹地区工伤保险基金收支情况，及时提出调整行业差别费率及行业内费率档次的方案，报国务院批准后公布施行。

第十条 用人单位应当按时缴纳工伤保险费。职工个人不缴纳工伤保险费。

用人单位缴纳工伤保险费的数额为本单位职工工资总额乘以单位缴费费率之积。

对难以按照工资总额缴纳工伤保险费的行业，其缴纳工伤保险费的具体方式，由国务院社会保险行政部门规定。

第十一条 工伤保险基金逐步实行省级统筹。

跨地区、生产流动性较大的行业，可以采取相对集中的方式异地参加统筹地区的工伤保险。具体办法由国务院社会保险行政部门会同有关行业的主管部门制定。

第十二条 工伤保险基金存入社会保障基金财政专户，用于本条例规定的工伤保险待遇，劳动能力鉴定，工伤预防的宣传、培训等费用，以及法律、法规规定的用于工伤保险的其他费用的支付。

工伤预防费用的提取比例、使用和管理的具体办法，由国务院社会保险行政部门会同国务院财政、卫生行政、安全生产监督管理等部门规定。

任何单位或者个人不得将工伤保险基金用于投资运营、兴建或者改建办公场所、发放奖金，或者挪作其他用途。

第十三条 工伤保险基金应当留有一定比例的储备金，用于统筹地区重大事故的工伤保险待遇支付；储备金不足支付的，由统筹地区的人民政府垫付。储备金占基金总额的具体比例和储备金的使用办法，由省、自治区、直辖市人民政府规定。

第三章 工伤认定

第十四条 职工有下列情形之一的，应当认定为工伤：

（一）在工作时间和工作场所内，因工作原因受到事故伤害的；

（二）工作时间前后在工作场所内，从事与工作有关的预备性或者收尾性工作受到事故伤害的；

（三）在工作时间和工作场所内，因履行工作职责受到暴力等意外伤害的；

（四）患职业病的；

（五）因工外出期间，由于工作原因受到伤害或者发生事故下落不明的；

（六）在上下班途中，受到非本人主要责任的交通事故或者城市轨道交通、客运轮渡、火车事故伤害的；

（七）法律、行政法规规定应当认定为工伤的其他情形。

第十五条 职工有下列情形之一的，视同工伤：

（一）在工作时间和工作岗位，突发疾病死亡或者在48小时之内经抢救无效死亡的；

（二）在抢险救灾等维护国家利益、公共利益活动中受到伤害的；

（三）职工原在军队服役，因战、因公负伤致残，已取得革命伤残军人证，到用人单位后旧伤复发的。

职工有前款第（一）项、第（二）项情形的，按照本条例的有关规定享受工伤保险待遇；职工有前款第（三）项情形的，按照本条例的有关规定享受除一次性伤残补助金以外的工伤保险待遇。

第十六条 职工符合本条例第十四条、第十五条的规定，但是有下列情形之一的，不得认定为工伤或者视同工伤：

（一）故意犯罪的；

（二）醉酒或者吸毒的；

（三）自残或者自杀的。

第十七条 职工发生事故伤害或者按照职业病防治法规定被诊断、鉴定为职业病，所在单位应当自事故伤害发生之日或者被诊断、鉴定为职业病之日起 30 日内，向统筹地区社会保险行政部门提出工伤认定申请。遇有特殊情况，经报社会保险行政部门同意，申请时限可以适当延长。

用人单位未按前款规定提出工伤认定申请的，工伤职工或者其近亲属、工会组织在事故伤害发生之日或者被诊断、鉴定为职业病之日起 1 年内，可以直接向用人单位所在地统筹地区社会保险行政部门提出工伤认定申请。

按照本条第一款规定应当由省级社会保险行政部门进行工伤认

定的事项，根据属地原则由用人单位所在地的设区的市级社会保险行政部门办理。

用人单位未在本条第一款规定的时限内提交工伤认定申请，在此期间发生符合本条例规定的工伤待遇等有关费用由该用人单位负担。

第十八条　提出工伤认定申请应当提交下列材料：

（一）工伤认定申请表；

（二）与用人单位存在劳动关系（包括事实劳动关系）的证明材料；

（三）医疗诊断证明或者职业病诊断证明书（或者职业病诊断鉴定书）。

工伤认定申请表应当包括事故发生的时间、地点、原因以及职工伤害程度等基本情况。

工伤认定申请人提供材料不完整的，社会保险行政部门应当一次性书面告知工伤认定申请人需要补正的全部材料。申请人按照书面告知要求补正材料后，社会保险行政部门应当受理。

第十九条　社会保险行政部门受理工伤认定申请后，根据审核需要可以对事故伤害进行调查核实，用人单位、职工、工会组织、医疗机构以及有关部门应当予以协助。职业病诊断和诊断争议的鉴定，依照职业病防治法的有关规定执行。对依法取得职业病诊断证明书或者职业病诊断鉴定书的，社会保险行政部门不再进行调查核实。

职工或者其近亲属认为是工伤，用人单位不认为是工伤的，由用人单位承担举证责任。

第二十条 社会保险行政部门应当自受理工伤认定申请之日起60日内作出工伤认定的决定，并书面通知申请工伤认定的职工或者其近亲属和该职工所在单位。

社会保险行政部门对受理的事实清楚、权利义务明确的工伤认定申请，应当在15日内作出工伤认定的决定。

作出工伤认定决定需要以司法机关或者有关行政主管部门的结论为依据的，在司法机关或者有关行政主管部门尚未作出结论期间，作出工伤认定决定的时限中止。

社会保险行政部门工作人员与工伤认定申请人有利害关系的，应当回避。

第四章 劳动能力鉴定

第二十一条 职工发生工伤，经治疗伤情相对稳定后存在残疾、影响劳动能力的，应当进行劳动能力鉴定。

第二十二条 劳动能力鉴定是指劳动功能障碍程度和生活自理障碍程度的等级鉴定。

劳动功能障碍分为十个伤残等级，最重的为一级，最轻的为十级。

生活自理障碍分为三个等级：生活完全不能自理、生活大部分不能自理和生活部分不能自理。

劳动能力鉴定标准由国务院社会保险行政部门会同国务院卫生行政部门等部门制定。

第二十三条 劳动能力鉴定由用人单位、工伤职工或者其近亲属向设区的市级劳动能力鉴定委员会提出申请，并提供工伤认定决定和职工工伤医疗的有关资料。

第二十四条 省、自治区、直辖市劳动能力鉴定委员会和设区的市级劳动能力鉴定委员会分别由省、自治区、直辖市和设区的市级社会保险行政部门、卫生行政部门、工会组织、经办机构代表以及用人单位代表组成。

劳动能力鉴定委员会建立医疗卫生专家库。列入专家库的医疗卫生专业技术人员应当具备下列条件：

（一）具有医疗卫生高级专业技术职务任职资格；

（二）掌握劳动能力鉴定的相关知识；

（三）具有良好的职业品德。

第二十五条 设区的市级劳动能力鉴定委员会收到劳动能力鉴定申请后，应当从其建立的医疗卫生专家库中随机抽取3名或者5名相关专家组成专家组，由专家组提出鉴定意见。设区的市级劳动能力鉴定委员会根据专家组的鉴定意见作出工伤职工劳动能力鉴定结论；必要时，可以委托具备资格的医疗机构协助进行有关的诊断。

设区的市级劳动能力鉴定委员会应当自收到劳动能力鉴定申请之日起60日内作出劳动能力鉴定结论，必要时，作出劳动能力鉴定结论的期限可以延长30日。劳动能力鉴定结论应当及时送达申请鉴定的单位和个人。

第二十六条 申请鉴定的单位或者个人对设区的市级劳动能力

鉴定委员会作出的鉴定结论不服的，可以在收到该鉴定结论之日起15日内向省、自治区、直辖市劳动能力鉴定委员会提出再次鉴定申请。省、自治区、直辖市劳动能力鉴定委员会作出的劳动能力鉴定结论为最终结论。

第二十七条 劳动能力鉴定工作应当客观、公正。劳动能力鉴定委员会组成人员或者参加鉴定的专家与当事人有利害关系的，应当回避。

第二十八条 自劳动能力鉴定结论作出之日起1年后，工伤职工或者其近亲属、所在单位或者经办机构认为伤残情况发生变化的，可以申请劳动能力复查鉴定。

第二十九条 劳动能力鉴定委员会依照本条例第二十六条和第二十八条的规定进行再次鉴定和复查鉴定的期限，依照本条例第二十五条第二款的规定执行。

第五章 工伤保险待遇

第三十条 职工因工作遭受事故伤害或者患职业病进行治疗，享受工伤医疗待遇。

职工治疗工伤应当在签订服务协议的医疗机构就医，情况紧急时可以先到就近的医疗机构急救。

治疗工伤所需费用符合工伤保险诊疗项目目录、工伤保险药品目录、工伤保险住院服务标准的，从工伤保险基金支付。工伤保险诊疗项目目录、工伤保险药品目录、工伤保险住院服务标准，由国务院社会保险行政部门会同国务院卫生行政部门、食品药品监督管理部门等部门规定。

职工住院治疗工伤的伙食补助费，以及经医疗机构出具证明，报经办机构同意，工伤职工到统筹地区以外就医所需的交通、食宿费用从工伤保险基金支付，基金支付的具体标准由统筹地区人民政府规定。

工伤职工治疗非工伤引发的疾病，不享受工伤医疗待遇，按照基本医疗保险办法处理。

工伤职工到签订服务协议的医疗机构进行工伤康复的费用，符合规定的，从工伤保险基金支付。

第三十一条 社会保险行政部门作出认定为工伤的决定后发生行政复议、行政诉讼的，行政复议和行政诉讼期间不停止支付工伤职工治疗工伤的医疗费用。

第三十二条 工伤职工因日常生活或者就业需要，经劳动能力鉴定委员会确认，可以安装假肢、矫形器、假眼、假牙和配置轮椅等辅助器具，所需费用按照国家规定的标准从工伤保险基金支付。

第三十三条 职工因工作遭受事故伤害或者患职业病需要暂停工作接受工伤医疗的，在停工留薪期内，原工资福利待遇不变，由所在单位按月支付。

停工留薪期一般不超过 12 个月。伤情严重或者情况特殊，经设区的市级劳动能力鉴定委员会确认，可以适当延长，但延长不得超过 12 个月。工伤职工评定伤残等级后，停发原待遇，按照本章的有关规定享受伤残待遇。工伤职工在停工留薪期满后仍需治疗的，继续享受工伤医疗待遇。

生活不能自理的工伤职工在停工留薪期需要护理的，由所在单位负责。

第三十四条 工伤职工已经评定伤残等级并经劳动能力鉴定委员会确认需要生活护理的，从工伤保险基金按月支付生活护理费。

生活护理费按照生活完全不能自理、生活大部分不能自理或者生活部分不能自理 3 个不同等级支付，其标准分别为统筹地区上年度职工月平均工资的 50%、40% 或者 30%。

第三十五条 职工因工致残被鉴定为一级至四级伤残的，保留劳动关系，退出工作岗位，享受以下待遇：

（一）从工伤保险基金按伤残等级支付一次性伤残补助金，标准为：一级伤残为 27 个月的本人工资，二级伤残为 25 个月的本人工资，三级伤残为 23 个月的本人工资，四级伤残为 21 个月的本人工资；

（二）从工伤保险基金按月支付伤残津贴，标准为：一级伤残为本人工资的 90%，二级伤残为本人工资的 85%，三级伤残为本人工资的 80%，四级伤残为本人工资的 75%。伤残津贴实际金额低于当地最低工资标准的，由工伤保险基金补足差额；

（三）工伤职工达到退休年龄并办理退休手续后，停发伤残津贴，按照国家有关规定享受基本养老保险待遇。基本养老保险待遇低于伤残津贴的，由工伤保险基金补足差额。

职工因工致残被鉴定为一级至四级伤残的，由用人单位和职工个人以伤残津贴为基数，缴纳基本医疗保险费。

第三十六条 职工因工致残被鉴定为五级、六级伤残的，享受以下待遇：

（一）从工伤保险基金按伤残等级支付一次性伤残补助金，标准为：五级伤残为18个月的本人工资，六级伤残为16个月的本人工资；

（二）保留与用人单位的劳动关系，由用人单位安排适当工作。难以安排工作的，由用人单位按月发给伤残津贴，标准为：五级伤残为本人工资的70%，六级伤残为本人工资的60%，并由用人单位按照规定为其缴纳应缴纳的各项社会保险费。伤残津贴实际金额低于当地最低工资标准的，由用人单位补足差额。

经工伤职工本人提出，该职工可以与用人单位解除或者终止劳动关系，由工伤保险基金支付一次性工伤医疗补助金，由用人单位支付一次性伤残就业补助金。一次性工伤医疗补助金和一次性伤残就业补助金的具体标准由省、自治区、直辖市人民政府规定。

第三十七条　职工因工致残被鉴定为七级至十级伤残的，享受以下待遇：

（一）从工伤保险基金按伤残等级支付一次性伤残补助金，标准为：七级伤残为13个月的本人工资，八级伤残为11个月的本人工资，九级伤残为9个月的本人工资，十级伤残为7个月的本人工资；

（二）劳动、聘用合同期满终止，或者职工本人提出解除劳动、聘用合同的，由工伤保险基金支付一次性工伤医疗补助金，由用人单位支付一次性伤残就业补助金。一次性工伤医疗补助金和一次性伤残就业补助金的具体标准由省、自治区、直辖市人民政府规定。

第三十八条 工伤职工工伤复发，确认需要治疗的，享受本条例第三十条、第三十二条和第三十三条规定的工伤待遇。

第三十九条 职工因工死亡，其近亲属按照下列规定从工伤保险基金领取丧葬补助金、供养亲属抚恤金和一次性工亡补助金：

（一）丧葬补助金为6个月的统筹地区上年度职工月平均工资；

（二）供养亲属抚恤金按照职工本人工资的一定比例发给由因工死亡职工生前提供主要生活来源、无劳动能力的亲属。标准为：配偶每月40%，其他亲属每人每月30%，孤寡老人或者孤儿每人每月在上述标准的基础上增加10%。核定的各供养亲属的抚恤金之和不应高于因工死亡职工生前的工资。供养亲属的具体范围由国务院社会保险行政部门规定；

（三）一次性工亡补助金标准为上一年度全国城镇居民人均可支配收入的20倍。

伤残职工在停工留薪期内因工伤导致死亡的，其近亲属享受本条第一款规定的待遇。

一级至四级伤残职工在停工留薪期满后死亡的，其近亲属可以享受本条第一款第（一）项、第（二）项规定的待遇。

第四十条 伤残津贴、供养亲属抚恤金、生活护理费由统筹地区社会保险行政部门根据职工平均工资和生活费用变化等情况适时调整。调整办法由省、自治区、直辖市人民政府规定。

第四十一条 职工因工外出期间发生事故或者在抢险救灾中下落不明的，从事故发生当月起3个月内照发工资，从第4个月起停发工资，由工伤保险基金向其供养亲属按月支付供养亲属抚恤金。

生活有困难的，可以预支一次性工亡补助金的50%。职工被人民法院宣告死亡的，按照本条例第三十九条职工因工死亡的规定处理。

第四十二条　工伤职工有下列情形之一的，停止享受工伤保险待遇：

（一）丧失享受待遇条件的；

（二）拒不接受劳动能力鉴定的；

（三）拒绝治疗的。

第四十三条　用人单位分立、合并、转让的，承继单位应当承担原用人单位的工伤保险责任；原用人单位已经参加工伤保险的，承继单位应当到当地经办机构办理工伤保险变更登记。

用人单位实行承包经营的，工伤保险责任由职工劳动关系所在单位承担。

职工被借调期间受到工伤事故伤害的，由原用人单位承担工伤保险责任，但原用人单位与借调单位可以约定补偿办法。

企业破产的，在破产清算时依法拨付应当由单位支付的工伤保险待遇费用。

第四十四条　职工被派遣出境工作，依据前往国家或者地区的法律应当参加当地工伤保险的，参加当地工伤保险，其国内工伤保险关系中止；不能参加当地工伤保险的，其国内工伤保险关系不中止。

第四十五条　职工再次发生工伤，根据规定应当享受伤残津贴的，按照新认定的伤残等级享受伤残津贴待遇。

第六章　监 督 管 理

第四十六条　经办机构具体承办工伤保险事务，履行下列职责：

（一）根据省、自治区、直辖市人民政府规定，征收工伤保险费；

（二）核查用人单位的工资总额和职工人数，办理工伤保险登记，并负责保存用人单位缴费和职工享受工伤保险待遇情况的记录；

（三）进行工伤保险的调查、统计；

（四）按照规定管理工伤保险基金的支出；

（五）按照规定核定工伤保险待遇；

（六）为工伤职工或者其近亲属免费提供咨询服务。

第四十七条　经办机构与医疗机构、辅助器具配置机构在平等协商的基础上签订服务协议，并公布签订服务协议的医疗机构、辅助器具配置机构的名单。具体办法由国务院社会保险行政部门分别会同国务院卫生行政部门、民政部门等部门制定。

第四十八条　经办机构按照协议和国家有关目录、标准对工伤职工医疗费用、康复费用、辅助器具费用的使用情况进行核查，并按时足额结算费用。

第四十九条　经办机构应当定期公布工伤保险基金的收支情况，及时向社会保险行政部门提出调整费率的建议。

第五十条　社会保险行政部门、经办机构应当定期听取工伤职工、医疗机构、辅助器具配置机构以及社会各界对改进工伤保险工作的意见。

第五十一条 社会保险行政部门依法对工伤保险费的征缴和工伤保险基金的支付情况进行监督检查。

财政部门和审计机关依法对工伤保险基金的收支、管理情况进行监督。

第五十二条 任何组织和个人对有关工伤保险的违法行为，有权举报。社会保险行政部门对举报应当及时调查，按照规定处理，并为举报人保密。

第五十三条 工会组织依法维护工伤职工的合法权益，对用人单位的工伤保险工作实行监督。

第五十四条 职工与用人单位发生工伤待遇方面的争议，按照处理劳动争议的有关规定处理。

第五十五条 有下列情形之一的，有关单位或者个人可以依法申请行政复议，也可以依法向人民法院提起行政诉讼：

（一）申请工伤认定的职工或者其近亲属、该职工所在单位对工伤认定申请不予受理的决定不服的；

（二）申请工伤认定的职工或者其近亲属、该职工所在单位对工伤认定结论不服的；

（三）用人单位对经办机构确定的单位缴费费率不服的；

（四）签订服务协议的医疗机构、辅助器具配置机构认为经办机构未履行有关协议或者规定的；

（五）工伤职工或者其近亲属对经办机构核定的工伤保险待遇有异议的。

第七章　法律责任

第五十六条　单位或者个人违反本条例第十二条规定挪用工伤保险基金，构成犯罪的，依法追究刑事责任；尚不构成犯罪的，依法给予处分或者纪律处分。被挪用的基金由社会保险行政部门追回，并入工伤保险基金；没收的违法所得依法上缴国库。

第五十七条　社会保险行政部门工作人员有下列情形之一的，依法给予处分；情节严重，构成犯罪的，依法追究刑事责任：

（一）无正当理由不受理工伤认定申请，或者弄虚作假将不符合工伤条件的人员认定为工伤职工的；

（二）未妥善保管申请工伤认定的证据材料，致使有关证据灭失的；

（三）收受当事人财物的。

第五十八条　经办机构有下列行为之一的，由社会保险行政部门责令改正，对直接负责的主管人员和其他责任人员依法给予纪律处分；情节严重，构成犯罪的，依法追究刑事责任；造成当事人经济损失的，由经办机构依法承担赔偿责任：

（一）未按规定保存用人单位缴费和职工享受工伤保险待遇情况记录的；

（二）不按规定核定工伤保险待遇的；

（三）收受当事人财物的。

第五十九条　医疗机构、辅助器具配置机构不按服务协议提供服务的，经办机构可以解除服务协议。

经办机构不按时足额结算费用的，由社会保险行政部门责令改正；医疗机构、辅助器具配置机构可以解除服务协议。

第六十条 用人单位、工伤职工或者其近亲属骗取工伤保险待遇，医疗机构、辅助器具配置机构骗取工伤保险基金支出的，由社会保险行政部门责令退还，处骗取金额2倍以上5倍以下的罚款；情节严重，构成犯罪的，依法追究刑事责任。

第六十一条 从事劳动能力鉴定的组织或者个人有下列情形之一的，由社会保险行政部门责令改正，处2000元以上1万元以下的罚款；情节严重，构成犯罪的，依法追究刑事责任：

（一）提供虚假鉴定意见的；

（二）提供虚假诊断证明的；

（三）收受当事人财物的。

第六十二条 用人单位依照本条例规定应当参加工伤保险而未参加的，由社会保险行政部门责令限期参加，补缴应当缴纳的工伤保险费，并自欠缴之日起，按日加收万分之五的滞纳金；逾期仍不缴纳的，处欠缴数额1倍以上3倍以下的罚款。

依照本条例规定应当参加工伤保险而未参加工伤保险的用人单位职工发生工伤的，由该用人单位按照本条例规定的工伤保险待遇项目和标准支付费用。

用人单位参加工伤保险并补缴应当缴纳的工伤保险费、滞纳金后，由工伤保险基金和用人单位依照本条例的规定支付新发生的费用。

第六十三条 用人单位违反本条例第十九条的规定，拒不协助社会保险行政部门对事故进行调查核实的，由社会保险行政部门责令改正，处2000元以上2万元以下的罚款。

第八章　附　　则

第六十四条　本条例所称工资总额，是指用人单位直接支付给本单位全部职工的劳动报酬总额。

本条例所称本人工资，是指工伤职工因工作遭受事故伤害或者患职业病前12个月平均月缴费工资。本人工资高于统筹地区职工平均工资300%的，按照统筹地区职工平均工资的300%计算；本人工资低于统筹地区职工平均工资60%的，按照统筹地区职工平均工资的60%计算。

第六十五条　公务员和参照公务员法管理的事业单位、社会团体的工作人员因工作遭受事故伤害或者患职业病的，由所在单位支付费用。具体办法由国务院社会保险行政部门会同国务院财政部门规定。

第六十六条　无营业执照或者未经依法登记、备案的单位以及被依法吊销营业执照或者撤销登记、备案的单位的职工受到事故伤害或者患职业病的，由该单位向伤残职工或者死亡职工的近亲属给予一次性赔偿，赔偿标准不得低于本条例规定的工伤保险待遇；用人单位不得使用童工，用人单位使用童工造成童工伤残、死亡的，由该单位向童工或者童工的近亲属给予一次性赔偿，赔偿标准不得低于本条例规定的工伤保险待遇。具体办法由国务院社会保险行政部门规定。

前款规定的伤残职工或者死亡职工的近亲属就赔偿数额与单位发生争议的，以及前款规定的童工或者童工的近亲属就赔偿数额与单位发生争议的，按照处理劳动争议的有关规定处理。

第六十七条 本条例自 2011 年 1 月 1 日起施行。本条例施行前已受到事故伤害或者患职业病的职工尚未完成工伤认定的，按照本条例的规定执行。

职工权益导读

1 什么是工伤？什么是工伤保险？

工伤，又称职业伤害、工业伤害、工作伤害，是指劳动者在从事职业活动或者与职业活动有关的活动时所遭受的事故伤害或职业病伤害。1921 年国际劳工大会通过的公约中对“工伤”的定义是：“由于工作直接或间接引起的事故为工伤。”“工伤”定义包括两个方面的内容：一是由工作引起并在工作过程中发生的事故伤害；二是劳动者遭受的职业病伤害。并不是职工身上发生的所有伤害事故都是工伤；职工发生工伤事故必须经统筹地区社会保险行政部门认定为“工伤”以后，才是法律意义上的“工伤”，才能享受相应的工伤保险待遇。

工伤保险，是指劳动者在工作中或在规定的特殊情况下，遭受意外伤害或患职业病导致暂时或永久性丧失劳动能力或死亡时，劳动者或其遗属从国家和社会获得物质帮助的一种社会保险制度。工伤保险通过社会统筹，集中用人单位缴纳的工伤保险费，建立工伤保险基金，承担保险范围内的意外伤害、职业病等风险，这种补偿既包括医疗、康复所需费用，也包括保障基本生活的费用。

2 参加工伤保险对职工有哪些好处?

工伤保险对职工有以下好处：(1) 职工个人无须缴纳工伤保险，用人单位为职工缴纳全部费用；(2) 职工遭遇工伤时，在进行工伤认定和劳动能力鉴定后，可以直接向社会保险机构申请工伤待遇；(3) 工伤保险待遇由社会保险基金统筹，职工申请工伤待遇有社会保险基金作为保障，职工没有后顾之忧；(4) 工伤保险实行无责任补偿原则，用人单位为了自身的整体利益也会注意预防工伤事故的发生，从而保护职工的健康和安全。

3 哪些单位应当为职工缴纳工伤保险?

根据我国《工伤保险条例》第二条的规定，我国境内的企业、事业单位、社会团体、民办非企业单位、基金会、律师事务所、会计师事务所等组织和有雇工的个体工商户都应当参加工伤保险，为本单位全部职工或者雇工缴纳工伤保险费。

4 职工个人需要承担工伤保险费用吗?

工伤保险费用应全部由用人单位负担，职工个人不需要缴纳工伤保险费。由用人单位缴纳工伤保险费用是工伤保险与养老保险、医疗保险等其他社会保险的重大区别。由于职工在为用人单位创造经济效益的同时，还要承担着职业伤害的风险，所以，在劳动生产过程中发生事故或职工遭受职业伤害时，应当由用人单位对这种职业伤害给予经济补偿。缴纳了工伤保险费用的用人单位，其工伤费用绝大部分由工伤保险基金支付；未缴纳工伤保险费用的，其工伤费用全部由本单位承担。

5 是不是买了商业保险就不用参加工伤保险了?

工伤保险不以营利为保险目的，它是政府实施的社会保障措施。劳动者一人一份，不能不买，也不能多买。当劳动者因发生工伤事故或者患职业病导致伤残甚至死亡时，工伤保险可以为受伤患病的劳动者提供医疗保障和基本生活保障，可以为其遗属提供基本生活保障。因此，工伤保险的基本目的在于保障广大劳动者的合法权益，在发生生产事故和职业病危害时，有相应的措施保护受害劳动者的权益，进而维护用人单位的正常生产秩序和社会的稳定。

商业保险以营利为目的。商业保险中的人身意外伤害险也能给劳动者一定的保障，但它的基本目的是利润最大化。虽然劳动者一人可以购买多份商业保险，但保险公司出于营利的考虑，或不愿意接受职业危险大的劳动者购买，或需要缴纳高额保险金，或严格限定了保险理赔的条件等，以加强对风险的控制。

因此，工伤保险和商业保险是不同类型的保险，工伤保险是国家规定必须要缴纳的强制险种，用人单位必须为劳动者缴纳。商业保险属于可选择险种，用人单位可以参加也可以不参加。因此，购买了商业保险依然要参加工伤保险。

6 哪些事故属于工伤?

根据《工伤保险条例》第十四条规定，职工有下列情形之一的，应当认定为工伤：(1) 在工作时间和工作场所内，因工作原因受到事故伤害的；(2) 工作时间前后在工作场所内，从事与工作有关的预备性或者收尾性工作受到事故伤害的；(3) 在工作时间和工作场所内，因履行工作职责受到暴力等意外伤害的；(4) 患职业病的；(5) 因工外出期间，由于工作原因受到伤害或者发生事故下落不明的；(6) 在上下班途中，受到非本人主要责任的交通事故或者城市轨道交通、客运轮渡、火车事故伤害的；（7）法律、行政法规规定应当认定为工伤的其他情形。

7 哪些事故视同工伤?

根据《工伤保险条例》第十五条规定，劳动者在生产劳动中，有下列情形之一的，视同工伤：（1）在工作时间和工作岗位，突发疾病死亡或者在 48 小时之内经抢救无效死亡的；（2）在抢险救灾等维护国家利益、公共利益活动中受到伤害的；（3）职工原在军队服役，因战、因公负伤致残，已取得革命伤残军人证，到用人单位后旧伤复发的。

8 哪些伤害不能认定为工伤或者视同工伤?

一般来说不在劳动场所、劳动时间内发生的所有伤害都不能认定为工伤，尤其是与工作原因无关的。但也并非在劳动场所、劳动时间内的所有伤害都可以认定为工伤。根据《工伤保险条例》第十六条规定，下列三种情况不能认定为工伤或者视同工伤：（1）故意犯罪的；（2）醉酒或者吸毒的；（3）自残或者自杀的。

9 职工在预备性或者收尾性工作中受伤能否认定为工伤？

所谓“预备性工作”，是指在工作前的一段合理时间内，从事与工作有关的准备工作，如运输、准备原料、准备工具等。所谓“收尾性工作”，是指在工作后的一段合理时间内，从事与工作有关的收尾工作，如清理、安全贮存、收拾工具和衣物等。上下班前后交接班的时间，虽然没有进入正式工作过程，但职工是为工作做一些预备性或收尾性事情，如准备原料、收拾衣物等。如果在上述时间内发生意外事故应该视为在工作时间或者由于工作导致的伤害，应当算工伤。

10 职工在工作中突发疾病死亡的，可以认定为工伤吗？

根据《工伤保险条例》第十五条规定，职工在工作时间和工作岗位，突发疾病死亡或者在 48 小时之内经抢救无效死亡的，应当视同工伤。所以，只要是在工作时间和工作岗位，突发疾病，并导致职工在工作岗位死亡或 48 小时之内经抢救无效死亡的就可以认定为工伤。

11 职工在抢险救灾时受伤能否认定为工伤?

根据《工伤保险条例》第十五条规定，在抢险救灾等维护国家利益、公共利益活动中受到伤害的，视同工伤。抢险救灾行为属于维护国家利益和维护公共利益的行为，职工在抢险救灾时受伤应当认定为工伤。但在认定工伤之前，必须由民政部门或有关政府主管部门出具抢险救灾的证明。值得说明的是，在这种情形下，没有工作时间、工作地点、工作原因等要素要求。

12 职工参加公司集体活动受伤能否认定为工伤?

从工伤保护的法律原则和立法精神来看，法律重在保护与用人单位相比处于弱势地位的劳动者的合法权益，最大限度地保障劳动者在劳动中伤亡后能够获得救济的权利，工伤认定应当尽可能有利于劳动者权益维护。公司组织集体活动是为了加强职工之间的团结和睦、增强员工间凝聚力、调动工作积极性，以有利于工作的开展。公司组织的集体活动与工作存在很大关联，所以职工参加公司集体活动受伤原则上应当认定为工伤。《最高人民法院关于审理工伤保险行政案件若干问题的规定》第四条规定，“社会保险行政部门认定下列情形为工伤的，人民法院应予支持：……（二）职工参加用人单位组织或者受用人单位指派参加其他单位组织的活动受到伤害的。”判断职工所参加的活动是否属于用人单位组织，应从该项活动的内容、形式、目的、性质、人员安排、费用承担等多方面进行考量。

13 职工上下班途中感染新冠肺炎，可否认定为工伤？

《工伤保险条例》第十四条规定，职工有下列情形之一的，应当认定为工伤：……（六）在上下班途中，受到非本人主要责任的交通事故或者城市轨道交通、客运轮渡、火车事故伤害的。职工在上下班途中感染新冠肺炎，不属于因上述原因受到的伤害，不能认定为工伤。职工在上下班途中感染新冠肺炎，可依据《企业职工患病或非因工负伤医疗期规定》等有关规定，依法享受医疗期和病休待遇。

14 职工在上下班途中乘地铁、轮渡、火车发生事故受伤能算工伤吗？

根据《工伤保险条例》第十四条规定，职工在上下班途中，受到非本人主要责任的交通事故或者城市轨道交通、客运轮渡、火车事故伤害的，应当认定为工伤。

15 职工在上下班途中无证驾驶发生车祸能算工伤吗?

根据《工伤保险条例》第十四条规定，“职工在上下班途中，受到非本人主要责任的交通事故或者城市轨道交通、客运轮渡、火车事故伤害的应当认定为工伤”。该规定限定上下班途中“非本人主要责任”的交通事故伤害才能认定为工伤，如果上下班途中发生职工本人承担主要责任的交通事故，如无证驾驶、驾驶无证车、酒后驾驶等行为造成职工本人伤亡并且本人负主要责任的，则不纳入工伤的范围。

16 保姆在工作中受伤能不能认定为工伤?

保姆在工作中受伤能不能认定为工伤，应当视情况而定：一种情况是，如果保姆隶属于家政公司员工，与家政公司建立了劳动关系，是由家政公司委派去某家从事家务工作的，则保姆在工作中受伤应当认定为工伤；另一种情况是，如果保姆不是家政公司员工，是从人才市场或者别人介绍从事家务服务的，则保姆与所服务的家庭并没有形成劳动关系，双方存在的仅仅是一种民事上的雇佣关系。因此，保姆在工作中受伤不能认定为工伤，但可以依据情况要求雇主给予民事赔偿。

17 什么是职业病?

职业病，是指企业、事业单位和个体经济组织的劳动者在职业活动中，因接触粉尘、放射性物质和其他有毒、有害物质等职业病危害因素而引起的疾病。职业病危害因素是指职业活动中存在的各种有害的化学、物理、生物因素以及在作业过程中产生的其他职业有害因素。职业病危害分布很广，其中以煤炭、冶金、建材、机械、化工等行业职业病危害最为突出。

《职业病防治法》中所认定的职业病，必须具备四个条件：

（1）患病主体是企业、事业单位或个体经济组织的劳动者；

（2）必须是在从事职业活动的过程中产生的；

（3）必须是因接触粉尘，放射性物质和其他有毒、有害物质等职业病危害因素引起的；

（4）必须是国家公布的职业病分类和目录所列的职业病。2013 年 12 月 23 日，我国公布的《职业病分类和目录》中，将职业病分为 10 类、132 种。

18 职工得了职业病该怎么办?

职业病是劳动者由于职业活动而产生的疾病，但并不是所有在工作中得的病都是职业病。职业病必须是劳动者在职业活动中因接触粉尘、放射性物质、有毒有害物质等因素而引起的职业性疾病，并且必须符合国家发布的《职业病分类和目录》，按照职业病诊断标准，获得法定职业病诊断机构明确诊断的职业疾病。

因此，职工在工作中得的病不一定是职业病，如果怀疑自己得了某种职业病，应及时到当地职业病诊断机构申请职业病诊断。申请诊断时，应提供相关职业史、体检证明、工作场所检测报告等资料；诊断后，应向承担职业病诊断的医疗卫生机构索取职业病诊断证明书。对诊断结果有异议的，可以向作出诊断的医疗机构所在地设区的市级卫生行政部门申请职业病诊断鉴定。鉴定后仍有异议的，可在 15 日内向原鉴定机构所在地省级卫生行政部门申请再鉴定。省级职业病鉴定为最终鉴定。职业病诊断、鉴定的费用由用人单位承担。诊断为职业病的，应到当地劳动保障部门申请伤残等级鉴定，并与所在单位联系，依法享有职业病治疗、康复以及赔偿等待遇。用人单位不履行赔偿义务的，职工可以到当地劳动保障部门投诉，也可以向人民法院起诉。

19 职工离职后发现患职业病可以申请工伤认定吗?

职业病的形成具有连续性、缓慢性，其发现和认定往往具有滞后性。职业病与普通工伤的即时性、当场性不同，是在较长时间的职业活动中因所处环境接触特殊介质日积月累慢慢造成的，并非当即发现，实践中许多职业病的发现都存在不同程度滞后性，甚至有的是离开原工作岗位后才发现。因此，不能因为发现晚就剥夺了职业病职工的合法权益。职工离开原工作岗位后仍然可以申请职业病诊断，职工被诊断为职业病的，所在单位应当自被诊断、鉴定为职业病之日起 30 日内，向统筹地区社会保险行政部门提出工伤认定申请；遇有特殊情况，经报社会保险行政部门同意，申请时效可以延长。用人单位未及时提出工伤认定申请的，工伤职工在被诊断、鉴定为职业病之日起 1 年内，可以直接向用人单位所在地统筹地区社会保险行政部门提出工伤认定申请。

20 职工在借调期间发生工伤由谁来承担责任?

职工被借调到其他单位工作的，其劳动关系还在原用人单位，工资以及与工伤保险有关的档案，都由原用人单位保管，并不在借调期间发生转移，因而借调单位对被借调职工的有关情况可能不了解。《工伤保险条例》第四十三条规定由原用人单位对被借调职工承担工伤保险责任。原用人单位应当依法参加工伤保险，为本单位全部职工或者雇工承担缴纳工伤保险费等工伤保险责任。同时，考虑到职工毕竟是在借调期间发生的工伤事故，依据公平原则，法律规定原用人单位可以在借调前或事后与借调单位就被借调职工的工伤保险问题约定补偿办法；当原用人单位承担了被借调职工的工伤保险责任后，可以按照约定的补偿办法要求借调单位补偿。

21 发生工伤事故后需要采取哪些紧急措施？

在发生工伤事故后，需要采取以下措施：

（1）抢救伤员。将受伤职工送签订服务协议的医疗机构抢救治疗，如果情况紧急，则送附近医疗机构紧急处置后再送往指定医院治疗。

（2）保护事故现场。

（3）报告。用通信或书面送达等方式报告劳动部门、社会保险经办机构和国家规定的其他有关部门。

22 工伤事故发生后在什么时间内提出工伤认定申请？应该向哪个政府部门提出？

《工伤保险条例》第十七条规定，职工发生事故伤害或者按照职业病防治法规定被诊断、鉴定为职业病，所在单位应当自事故伤害发生之日或者被诊断、鉴定为职业病之日起 30 日内，向统筹地区社会保险行政部门提出工伤认定申请。遇有特殊情况，经报社会保险行政部门同意，申请时限可以适当延长。用人单位未按前款规定提出工伤认定申请的，工伤职工或者其近亲属、工会组织在事故伤害发生之日或者被诊断、鉴定为职业病之日起一年内，可以直接向用人单位所在地统筹地区社会保险行政部门提出工伤认定申请。

23 申请工伤认定需要提交哪些材料？

《工伤保险条例》第十八条规定，提出工伤认定申请应当提交以下材料：（1）工伤认定申请表（一般在申请工伤认定的社会保险行政部门领取填写）；（2）与用人单位存在劳动关系（包括事实劳动关系）的证明材料，如劳动合同、就业证等，如果没有与用人单位签订书面劳动合同，应该提交能够证明和用人单位之间存在劳动关系的其他证明，如工作证、工卡、工资条、社会保险缴纳记录证明等；(3) 医疗诊断证明或者职业病诊断证明书（或者职业病诊断鉴定书），必须是当地社会保险行政部门指定的医疗机构开具的医疗诊断书或者职业病诊断书。工伤认定申请人提交材料不完整的，社会保险行政部门应当一次性书面告知工伤认定申请人需要补正的全部材料。申请人按照书面告知要求补正材料后，社会保险行政部门应当予以受理。

24 社会保险行政部门是如何进行工伤认定的？

工伤认定申请人提交的申请材料完整，属于社会保险行政部门管辖范围且在受理时效内的，社会保险行政部门应当受理。

根据《工伤保险条例》第十九条规定，社会保险行政部门受理工伤认定申请后，根据审核需要可以对提交的证据进行调查核实，用人单位、职工、工会组织、医疗机构以及有关部门应当予以协助。社会保险行政部门在进行工伤认定时，对申请人依法提交的符合国家有关规定的职业病诊断证明书或者职业病诊断鉴定书，不再进行调查核实。

25 《工伤认定决定书》应当载明哪些事项?

《工伤认定决定书》应当载明下列事项:

(1)用人单位全称;

(2)职工的姓名、性别、年龄、职业、身份证号码;

(3)受伤害部位、事故时间和诊断时间或职业病名称、受伤害经过和核实情况、医疗救治的基本情况和诊断结论;

(4)认定工伤、视同工伤或者认定为不属于工伤、不视同工伤的依据;

(5)认定结论;

(6)不服认定决定申请行政复议或者提起行政诉讼的部门和时限;

(7)作出认定工伤或者视同工伤决定的时间。

《工伤认定决定书》应加盖人力资源和社会保障部门工伤认定专用印章。

26 职工如果不服工伤认定怎么办?

社会保险行政部门应当自受理工伤认定申请之日起60日内作出工伤认定的决定,并书面通知申请工伤认定的职工或者其直系亲属以及职工所在单位。申请工伤认定的职工或者其近亲属、该职工所在单位对工伤认定结论不服的，可以依法申请行政复议或向人民法院提起行政诉讼。

27 职工对工伤事故发生有过错还能否享受工伤保险待遇?

工伤保险实行无责任补偿原则。无责任补偿原则也称无过失补偿原则，是指职工在发生工伤事故时，无论事故责任是否属于职工本人，职工都应当无条件地得到一定经济补偿。也就是说，职工因工负伤、致残或死亡，即使职工负有责任，也要给予职工工伤保险待遇。但如果职工是自杀、自残，则不能认定为工伤，也不可享受工伤保险待遇。

28 什么是劳动能力鉴定? 什么时候需要劳动能力鉴定?

劳动能力鉴定是指劳动能力鉴定机构对劳动者在职业活动中因工负伤或患职业病后，根据《工伤保险条例》规定，在评定伤残等级时通过医学检查对劳动功能障碍程度（伤残程度）和生活自理阻碍程度作出的判定结论。劳动能力鉴定是给予受伤害职工保险待遇的基础和前提条件，也是工伤保险管理工作的重要内容。劳动功能障碍分为十个伤残等级，最重的为一级，最轻的为十级。生活自理障碍分为三个等级：生活完全不能自理、生活大部分不能自理和生活部分不能自理。劳动能力鉴定标准由国务院劳动保障行政部门会同国务院卫生行政部门等部门制定，我国现行的劳动能力鉴定标准为 2015 年 1 月 1 日实施的《劳动能力鉴定职工工伤与职业病致残等级》（GB/T 16180—2014）。

职工发生工伤事故，经治疗伤情相对稳定后存在残疾、影响劳动能力的，应当进行劳动能力鉴定。

29 职工如何申请劳动能力鉴定?

职工的劳动能力鉴定由用人单位、工伤职工或者其近亲属向设区的市级劳动能力鉴定委员会提出申请，并提供工伤认定决定和职工工伤医疗的有关资料。

申请劳动能力鉴定，需要提交以下材料：

（1）工伤认定决定，即由社会保险行政部门根据国家规定，确定职工受伤或者职业病是否属于工伤范围，是否符合工伤条件的书面决定；

（2）职业病劳动能力鉴定表（在人力资源和社会保障部门领取填写）；

（3）被鉴定人身份证明材料及复印件；

（4）被鉴定人的照片；

（5）用人单位及个人劳动能力鉴定申请报告；

（6）医疗机构作出的医疗终结结论；

（7）劳动能力鉴定费用。

30 劳动能力鉴定要不要交费？费用由谁承担？

劳动能力鉴定要交一定费用。因病、非因工负伤丧失劳动能力鉴定费用，由用人单位申请的，鉴定费用由用人单位支付；由职工自己申请的，鉴定费用由职工自己在申请时预付，如经鉴定结论为部分丧失劳动能力及以上的，鉴定费用应由用人单位负担。重新鉴定的费用，由申请方预付。重新鉴定结论与原鉴定结论相符，鉴定费用由申请方负担；重新鉴定结论与原鉴定结论不相符的，鉴定费用由原来的鉴定机构负担；因为职工伤势发生变化而再次要求申请鉴定的，费用由申请方负担。

31 劳动能力鉴定委员会是如何设置的？劳动能力鉴定委员会由哪些人组成？

根据《工伤保险条例》第二十四条规定，省、自治区、直辖市劳动能力鉴定委员会和设区的市级劳动能力鉴定委员会分别由省、自治区、直辖市和设区的市级社会保险行政部门、卫生行政部门、工会组织、经办机构代表以及用人单位代表组成。

劳动能力鉴定委员会建立医疗卫生专家库。列入专家库的医疗卫生专业技术人员应当具备下列条件：

（1）具有医疗卫生高级专业技术职务任职资格；

（2）掌握劳动能力鉴定的相关知识；

（3）具有良好的职业品德。

32 劳动能力鉴定的期限是多久？

根据《工伤保险条例》第二十五条规定，设区的市级劳动能力鉴定委员会应当自收到劳动能力鉴定申请之日起 60 日内作出劳动能力鉴定结论。必要时，作出劳动能力鉴定结论的期限可以延长 30 日。劳动能力鉴定结论应当及时送达申请鉴定的单位和个人。

33 劳动能力鉴定委员会是如何开展鉴定工作的？

（1）组成专家组。专家组是由劳动能力鉴定委员会从医疗卫生专家库中随机抽取的 3 名或 5 名相关专家组成。“随机抽取”，是指按照自由组合的原则从专家库中抽取专家，防止申请人或者与劳动能力鉴定有利害关系的人提前与医疗专家沟通，影响劳动能力鉴定结论的公正性。

（2）提出鉴定意见。鉴定时，专家组依据法定标准和职工的伤残情况，结合医疗诊断情况提出鉴定意见。专家组的鉴定意见是劳动能力鉴定委员会作出劳动能力鉴定结论的依据。

（3）作出劳动能力鉴定结论。劳动能力鉴定委员会根据专家组的鉴定意见，确定伤残职工的劳动功能障碍程度和生活护理依赖程度，作出劳动能力鉴定结论。必要时，可以委托具备资格的医疗机构协助进行有关诊断。

34 什么是完全丧失劳动能力？什么是部分丧失劳动能力？

完全丧失劳动能力是指因工致残或者因病、非因工负伤致残，身体丧失劳动机能，只是具有生命能力，表现为既不能继续从事原来的工作，也不能从事其他轻便工作。完全丧失劳动能力可以分为两个标准：一是饮食起居需人护理扶助，二是不需人护理扶助。

部分丧失劳动能力是指因工致残或因病、非因工致残，身体的劳动机能大部分或部分丧失，表现为尚能从事轻便工作或其他工作。

35 工伤和职业病的伤残程度有几个级别？

工伤与职业病致残分级，是对职工工伤后劳动能力的鉴定，即对因工作遭受事故伤害或者患职业病的劳动者获得医疗救治和经济补偿进行受伤等级鉴定的标准。工伤伤残等级分为一至十级。最重为一级，最轻为十级。对于同一器官或系统多处损伤，或一个以上器官不同部位同时受到损伤者，应先对单项伤残程度进行鉴定。如果几项伤残等级不同，则以重者定级；如果两项及以上等级相同，最多可晋升一级。

36 什么情况下职工工伤事故伤害与职业病可评为一级伤残？

依据《劳动能力鉴定职工工伤与职业病致残等级》（GB/T 16180—2014），以下 23 种情况之一的职工工伤可认定为一级工伤或职业病：（1）极重度智能损伤；（2）四肢瘫肌力≤ 3 级或三肢瘫肌力≤ 2 级；（3）重度非肢体瘫运动障碍；（4）面部重度毁容，同时伴有表 C.2 中二级伤残之一者；（5）全身重度瘢痕形成，占体表面积≥ 90%，伴有脊柱及四肢大关节活动功能基本丧失；（6）双肘关节以上缺失或功能完全丧失；（7）双下肢膝以上缺失及一上肢肘上缺失；（8）双下肢及一上肢瘢痕畸形，功能完全丧失；（9）双眼无光感或仅有光感但光定位不准者；（10）肺功能重度损伤和呼吸困难Ⅳ级，需终生依赖机械通气；（11）双肺或心肺联合移植术；（12）小肠切除≥90%；（13）肝切除后原位肝移植；（14）胆道损伤原位肝移植；（15）全胰切除；（16）双侧肾切除或孤肾切除术后，用透析维持或同种肾移植术后肾功能不全尿毒症期；（17）尘肺叁期伴肺功能重度损伤及（或）重度低氧血症［PO_2<5.3kPa（<40mmHg）］；（18）其他职业性肺部疾患，伴肺功能重度损伤及（或）重度低氧血症［PO_2<5.3kPa（<40mmHg）］；（19）放射性肺炎后，两叶以上肺纤维化伴重度低氧血症［PO_2<5.3kPa（<40mmHg）］；（20）职业性肺癌伴肺功能重度损伤；（21）职业性肝血管肉瘤，重度肝功能损害；（22）肝硬化伴食道静脉破裂出血，肝功能重度损害；（23）肾功能不全尿毒症期，内生肌酐清除率持续<10mL/min，或血浆肌酐水平持续>707μmol/L（8mg/dL）。

37 什么情况下职工工伤事故伤害与职业病可评为二级伤残？

依据《劳动能力鉴定职工工伤与职业病致残等级》

（GB/T 16180—2014），以下 39 种情况之一的职工工伤可认定为二级工伤或职业病：（1）重度智能损伤；（2）三肢瘫肌力 3 级；（3）偏瘫肌力≤ 2 级；（4）截瘫肌力≤ 2 级；（5）双手全肌瘫肌力≤ 2 级；（6）完全感觉性或混合性失语；（7）全身重度瘢痕形成，占体表面积≥ 80%，伴有四肢大关节中 3 个以上活动功能受限；（8）全面部瘢痕或植皮伴有重度毁容；（9）双侧前臂缺失或双手功能完全丧失；（10）双下肢瘢痕畸形，功能完全丧失；（11）双膝以上缺失；（12）双膝、双踝关节功能完全丧失；（13）同侧上、下肢缺失或功能完全丧失；（14）四肢大关节（肩、髋、膝、肘）中四个及以上关节功能完全丧失者；（15）一眼有或无光感，另眼矫正视力≤0.02，或视野≤ 8%（或半径≤ 5°）；（16）无吞咽功能，完全依赖胃管进食；（17）双侧上颌骨或双侧下颌骨完全缺损；（18）一侧上颌骨及对侧下颌骨完全缺损，并伴有颜面软组织损伤 $>30cm^2$；（19）一侧全肺切除并胸廓成形术，呼吸困难Ⅲ级；（20）心功能不全三级；（21）食管闭锁或损伤后无法行食管重建术，依赖胃造瘘或空肠造瘘进食；（22）小肠切除 3/4，合并短肠综合征；（23）肝切除 3/4，并肝功能重度损害；（24）肝外伤后发生门脉高压三联症或发生 Budd-chiari 综合征；（25）胆道损伤致肝功能重度损害；（26）胰次全切除，胰腺移植术后；（27）孤肾部分切除后，肾功能不全失代偿期；（28）肺功能重度损伤及（或）重度低氧血症；（29）尘肺叁期伴肺功能中度损伤及（或）中度低氧血症；（30）尘肺贰期伴肺功能重度损伤及（或）重度低氧血症［PO_2 < 5.3kPa（40mmHg）］；（31）尘肺叁期伴活动性肺结核；（32）职业性肺癌或胸膜间皮瘤；（33）职业性急性白血病；（34）急性重型再生障碍性贫血；（35）慢性重度中毒性肝病；（36）肝血管肉瘤；（37）肾功能不全尿毒症期，内生肌酐清除率< 25mL/min，或血浆肌酐水平持续> 450μmol/L（5mg/dL）；（38）职业性膀胱癌；（39）放射性肿瘤。

38 什么情况下职工工伤事故伤害与职业病可评为三级伤残？

依据《劳动能力鉴定职工工伤与职业病致残等级》（GB/T 16180—2014），以下 47 种情况之一的职工工伤可认定为三级工伤或职业病：（1）精神病性症状，经系统治疗 1 年后仍表现为危险或冲动行为者；（2）精神病性症状，经系统治疗 1 年后仍缺乏生活自理能力者；（3）偏瘫肌力 3 级；（4）截瘫肌力 3 级；（5）双足全肌瘫肌力 ≤ 2 级；（6）中度非肢体瘫运动障碍；（7）完全性失用、失写、失读、失认等具有两项及两项以上者；（8）全身重度瘢痕形成，占体表面积 ≥ 70%，伴有四肢大关节中2个以上活动功能受限；(9) 面部瘢痕或植皮≥2/3并有中度毁容；(10) 一手缺失，另一手拇指缺失；(11) 双手拇、食指缺失或功能完全丧失；(12) 一手功能完全丧失，另一手拇指功能完全丧失；(13) 双髋、双膝关节中，有一个关节缺失或无功能及另一关节重度功能障碍；(14) 双膝以下缺失或功能完全丧失；(15) 一侧髋、膝关节畸形，功能完全丧失；(16) 非同侧腕上、踝上缺失；(17) 非同侧上、下肢瘢痕畸形，功能完全丧失；(18) 一眼有或无光感，另眼矫正视力≤0.05或视野≤16%（半径≤10°）；(19) 双眼矫正视力＜0.05或视野≤16%（半径≤10°）；(20) 一侧眼球摘除或眼内容物剜出，另眼矫正视力＜0.1或视野≤24%（或半径≤15°）；(21) 呼吸完全依赖气管套管或造口；(22) 喉或气管损伤导致静止状态下或仅轻微活动即有呼吸困难；(23) 同侧上、下颌骨完全缺损；(24) 一侧上颌骨或下颌骨完全缺损，伴颜面部软组织缺损＞30cm²；(25) 舌缺损＞全舌的2/3；(26) 一侧全肺切除并胸廓成形术；(27) 一侧胸廓成形术，肋骨切除6根以上；(28) 一侧全肺切除并隆凸切除成形术；(29) 一侧全肺切除并大血管重建术；(30) Ⅲ度房室传导阻滞；(31) 肝切除2/3，并肝功能中度损害；(32) 胰次全切除，胰岛素依赖；(33) 一侧肾切除，对侧肾功能不全失代偿期；(34) 双侧输尿管狭窄，肾功能不全失代偿期；（35）永久性输尿管腹壁造瘘；（36）膀胱全切除；（37）尘肺叁期；（38）尘肺贰期伴肺功能中度损伤及（或）中度低氧血症；（39）尘肺贰期合并活动性肺结核；（40）放射性肺炎后两叶肺纤维化，伴肺功能中度损伤及（或）中度低氧血症；（41）粒细胞缺乏症；（42）再生障碍性贫血；（43）职业性慢性白血病；（44）中毒性血液病，骨髓增生异常综合征；（45）中毒性血液病，严重出血或血小板含量≤ 2×10^{10}/L；（46）砷性皮肤癌；（47）放射性皮肤癌。

39 什么情况下职工工伤事故伤害与职业病可评为四级伤残？

依据《劳动技能鉴定职工工伤与职业病致残等级》（GB/T 16180—2014），以下 55 种情况之一的职工工伤可认定为四级工伤或职业病：（1）中度智能损伤；（2）重度癫痫；（3）精神病性症，经系统治疗 1 年后仍缺乏社交能力者；（4）单肢瘫肌力≤ 2 级；（5）双手部分肌瘫肌力≤ 2 级；（6）脑脊液漏伴有颅底骨缺损不能修复或反复手术失败；（7）面部中度毁容；（8）全身瘢痕面积≥ 60%，四肢大关节中 1 个关节活动功能受限；（9）面部瘢痕或植皮≥ 1/2 并有轻度毁容；（10）双拇指完全缺失或功能完全丧失；（11）一侧手功能完全丧失，另一手部分功能丧失；（12）一侧肘上缺失；（13）一侧膝以下缺失，另一侧前足缺失；（14）一侧膝以上缺失；（15）一侧踝以下缺失，另一足畸形行走困难；（16）一眼有或无光感，另眼矫正视力＜ 0.2 或视野≤ 32%（或半径≤ 20°）；（17）一眼矫正视力 <0.05，另眼矫正视力≤ 0.1 ；（18）双眼矫正视力 <0.1 或视野≤ 32%（或半径≤ 20°）；（19）双耳听力损失≥ 91dB；（20）牙关紧闭或因食管狭窄只能进流食；（21）一侧上颌骨缺损 1/2，伴颜面部软组织损伤 >$20cm^2$ ；（22）下颌骨缺损长 6cm 以上的区段，伴口腔、颜面软组织缺损＞ $20cm^2$ ；（23）双侧颞下颌关节骨性强直，完全不能张口；（24）面颊部洞穿性缺损＞ $20cm^2$ ；（25）双侧完全性面瘫；（26）一侧全肺切除术；（27）双侧肺叶切除术；（28）肺叶切除后并胸廓成形术后；（29）肺叶切除并隆凸切除成形术后；（30）一侧肺移植术；（31）心瓣膜置换术后；（32）心功能不全二级；（33）食管重建术后吻合口狭窄，仅能进流食者；（34）全胃切除；（35）胰头、十二指肠切除；（36）小肠切除 3/4 ；（37）小肠切除 2/3，包括回盲部切除；（38）全结肠、直肠、肛门切除，回肠造瘘；（39）外伤后肛门排便重度障碍或失禁；（40）肝切除 2/3 ；（41）肝切除 1/2，肝功能轻度损害；（42）胆道损伤致肝功能中度损害；（43）甲状旁腺功能重度损害；（44）肾修补术后，肾功能不全失代偿期；（45）输尿管修补术后，肾功能不全失代偿期；（46）永久性膀胱造瘘；（47）重度排尿障碍；（48）神经原性膀胱，残余尿≥ 50mL；（49）双侧肾上腺缺损；（50）尘肺贰期；（51）尘肺壹期伴肺功能中度损伤及（或）中度低氧血症；（52）尘肺壹期伴活动性肺结核；（53）病态窦房结综合征（需安装起搏器者）；（54）放射性损伤致肾上腺皮质功能明显减退；（55）放射性损伤致免疫功能明显减退。

40 什么情况下职工工伤事故伤害与职业病可评为五级伤残?

依据《劳动能力鉴定职工工伤与职业病致残等级》（GB/T 16180—2014），以下 65 种情况之一的职工工伤可认定为五级工伤或职业病：（1）四肢瘫肌力 4 级；（2）单肢瘫肌力 3 级；（3）双手部分肌瘫肌力 3 级；（4）一手全肌瘫肌力≤ 2 级；（5）双足全肌瘫肌力 3 级；（6）完全运动性失语；（7）完全性失用、失写、失读、失认等具有一项者；（8）不完全性失用、失写、失读、失认等具有多项者；（9）全身瘢痕占体表面积≥ 50%，并有关节活动功能受限；（10）面部瘢痕或植皮≥ 1/3 并有毁容标准之一项；（11）脊柱骨折后遗 30°以上侧弯或后凸畸形，伴严重根性神经痛；（12）一侧前臂缺失；（13）一手功能完全丧失；（14）肩、肘、腕关节之一功能完全丧失；（15）一手拇指缺失，另一手除拇指外三指缺失；（16）一手拇指功能完全丧失，另一手除拇指外三指功能完全丧失；（17）双前足缺失或双前足瘢痕畸形，功能完全丧失；（18）双跟骨足底软组织缺损瘢痕形成，反复破溃；（19）一髋（或一膝）功能完全丧失；（20）四肢大关节之一人工关节术后遗留重度功能障碍；（21）一侧膝以下缺失；（22）第Ⅲ对脑神经麻痹；（23）双眼外伤性青光眼术后，需用药物维持眼压者；（24）一眼有或无光感，另眼矫正视力≤ 0.3 或视野≤ 40%（或半径≤ 25°）；（25）一眼矫正视力 <0.05，另眼矫正视力≤ 0.2 ；（26）一眼矫正视力 <0.1，另眼矫正视力等于 0.1 ；（27）双眼视野≤ 40%（或半径≤ 25°）；（28）双耳听力损失≥ 81dB；（29）喉或气管损伤导致一般活动及轻工作时有呼吸困难；（30）吞咽困难，仅能进半流食；（31）双侧喉返神经损伤，喉保护功能丧失致饮食呛咳、误吸；（32）一侧上颌骨缺损＞ 1/4，但＜ 1/2，伴软组织缺损＞ $10cm^2$，但＜ $20cm^2$ ；（33）下颌骨缺损长 4cm 以上的区段，伴口腔、颜面软组织缺损＞ $10cm^2$ ；（34）一侧完全面瘫，另一侧不完全面瘫；（35）双肺叶切除术；（36）肺叶切除术并大血管重建术；（37）隆凸切除成形术；（38）食管重建术后吻合口狭窄，仅能进半流食者；（39）食管气管或支气管瘘；（40）食管胸膜瘘；（41）胃切除 3/4 ；（42）小肠切除 2/3，包括回

肠大部；（43）直肠、肛门切除，结肠部分切除，结肠造瘘；（44）肝切除 1/2；（45）胰切除 2/3；（46）甲状腺功能重度损害；（47）一侧肾切除，对侧肾功能不全代偿期；（48）一侧输尿管狭窄，肾功能不全代偿期；（49）尿道瘘不能修复者；（50）两侧睾丸、附睾缺损；（51）放射性损伤致生殖功能重度损伤；（52）阴茎全缺损；（53）双侧卵巢切除；（54）阴道闭锁；（55）会阴部瘢痕挛缩伴有阴道或尿道或肛门狭窄；（56）肺功能中度损伤或中度低氧血症；（57）莫氏Ⅱ型Ⅱ度房室传导阻滞；（58）病态窦房结综合征（不需安起搏器者）；（59）中毒性血液病，血小板减少（$\leqslant 4\times10^{10}$/L）并有出血倾向；（60）中毒性血液病，白细胞含量持续＜ 3×10^{9}/L（＜ 3000/mm^3）或粒细胞含量＜ 15×10^{9}/L（1500/mm^3）；（61）慢性中度中毒性肝病；（62）肾功能不全失代偿期，内生肌酐清除率持续＜ 50mL/min，或血浆肌酐水平持续＞ 177μmol/L（＞ 2mg/dL）；（63）放射性损伤致睾丸萎缩；（64）慢性重度磷中毒；（65）重度手臂振动病。

41 什么情况下职工工伤事故伤害与职业病可评为六级伤残？

依据《劳动能力鉴定职工工伤与职业病致残等级》（GB/T 16180—2014），以下 76 种情况之一的职工工伤可认定为六级工伤或职业病：(1) 癫痫中度；(2) 轻度智能损伤；(3) 精神病性症状，经系统治疗 1 年后仍影响职业劳动能力者；(4) 三肢瘫肌力 4 级；(5) 截瘫双下肢肌力 4 级伴轻度排尿障碍；(6) 双手全肌瘫肌力 4 级；(7) 一手全肌瘫肌力 3 级；(8) 双足部分肌瘫肌力≤ 2 级；(9) 单足全肌瘫肌力≤ 2 级；(10) 轻度非肢体瘫运动障碍；(11) 不完全性感觉性失语；(12) 面部重度异物色素沉着或脱失；(13) 面部瘢痕或植皮≥ 1/3；(14) 全身瘢痕面积≥ 40%；(15) 撕脱伤后头皮缺失 1/5 以上；(16) 一手一拇指完全缺失，连同另一手非拇指二指缺失；(17) 一拇指功能完全丧失，另一手除拇指外有二指功能完全丧失；(18) 一手三指（含拇指）缺失；(19) 除拇指外其余四指缺失或功能完全丧失；(20) 一侧踝以下缺失；或踝关节畸形，功能完全丧失；(21) 下肢骨折成角畸形 >15°，并有肢体短缩 4cm 以上；(22) 一前足缺失，另一足仅残留拇趾；(23) 一前足缺失，另一足除拇趾外，2 ～ 5 趾畸形，功能完全丧失；(24) 一足功能完全丧失，另一足部分功能丧失；(25) 一髋或一膝关节功能重度障碍；(26) 单侧跟骨足底软组织缺损瘢痕形成，反复破溃；(27) 一侧眼球摘除；或一侧眼球明显萎缩，无光感；(28) 一眼有或无光感，另一眼矫正视力≥ 0.4；(29) 一眼矫正视力≤ 0.05，另一眼矫正视力≥ 0.3；(30) 一眼矫正视力≤ 0.1，另一眼矫正视力≥ 0.2；（31）双眼矫正视力≤ 0.2 或视野≤ 48%（或半径≤ 30°）；（32）第Ⅳ或第Ⅵ对脑神经麻痹，或眼外肌损伤致复视的；（33）双耳听力损失≥ 71dB；（34）双侧前庭功能丧失，睁眼行走困难，不能并足站立；（35）单侧或双侧颞下颌关节强直，张口困难Ⅲ度；（36）一侧上颌骨缺损 1/4，伴口腔、颜面软组织损伤 >10cm²；（37）面部软组织缺损 >20cm²，伴发涎瘘；（38）舌缺损＞ 1/3，但＜ 2/3；（39）双侧颧骨并颧弓骨折，伴有开口困难Ⅱ度以上及颜面部畸形经手术复位者；（40）双侧下颌骨髁状突颈部骨折，伴有开口困难Ⅱ度以上及咬合关系改变，经手术治疗者；（41）一侧完全性面瘫；（42）肺叶切除并肺段或楔形切除术；（43）肺叶切除并支气管成形术后；（44）支气管（或气管）胸膜瘘；（45）冠状动脉旁路移植术；（46）大血管重建术；（47）胃切除 2/3；（48）小肠切除 1/2，包括回盲部；（49）肛门外伤后排便轻度障碍或失禁；（50）肝切除 1/3；（51）胆道损伤致肝功能轻度损伤；（52）腹壁缺损面积≥腹壁的 1/4；（53）胰切除 1/2；（54）甲状腺功能中度损害；（55）甲状旁腺功能中度损害；（56）肾损伤性高血压；（57）尿道狭窄经系统治疗 1 年后仍需定期行扩张术；（58）膀胱部分切除合并轻度排尿障碍；（59）两侧睾丸创伤后萎缩，血睾酮低于正常值；（60）放射性损伤致生殖功能轻度损伤；

(61) 双侧输精管缺损，不能修复；(62) 阴茎部分缺损；(63) 女性双侧乳房完全缺损或严重瘢痕畸形；(64) 子宫切除；(65) 双侧输卵管切除；(66) 尘肺壹期伴肺功能轻度损伤及（或）轻度低氧血症；(67) 放射性肺炎后肺纤维化（<两叶），伴肺功能轻度损伤及（或）轻度低氧血症；(68) 其他职业性肺部疾患，伴肺功能轻度损伤；(69) 白血病完全缓解；(70) 中毒性肾病，持续性低分子蛋白尿伴白蛋白尿；(71) 中毒性肾病，肾小管浓缩功能减退；(72) 放射性损伤致肾上腺皮质功能轻度减退；(73) 放射性损伤致甲状腺功能低下；(74) 减压性骨坏死Ⅲ期；(75) 中度手臂振动病；(76) 氟及无机化合物中毒性慢性重度中毒。

42 什么情况下职工工伤事故伤害与职业病可评为七级伤残?

依据《劳动能力鉴定职工工伤与职业病致残等级》(GB/T 16180—2014)，以下 63 种情况之一的职工工伤可认定为七级工伤或职业病：(1) 偏瘫肌力 4 级；(2) 截瘫肌力 4 级；(3) 单手部分肌瘫肌力 3 级；(4) 双足部分肌瘫肌力 3 级；(5) 单足全肌瘫肌力 3 级；(6) 中毒性周围神经病重度感觉障碍；(7) 人格改变或边缘智能，经系统治疗 1 年后仍存在明显社会功能受损者；

（8）不完全性运动失语；（9）不完全性失用、失写、失读和失认等具有一项者；（10）符合重度毁容标准之二项者；（11）烧伤后颅骨全层缺损≥ 30cm^2，或在硬脑膜上植皮面积≥ 10cm^2；（12）颈部瘢痕挛缩，影响颈部活动；（13）全身瘢痕面积≥ 30%；（14）面部瘢痕、异物或植皮伴色素改变占面部的 10% 以上；（15）骨盆骨折内固定术后，骨盆环不稳定，骶髂关节分离；（16）一手除拇指外，其他 2 ～ 3 指（含食指）近侧指间关节离断；（17）一手除拇指外，其他 2 ～ 3 指（含食指）近侧指间关节功能丧失；（18）肩、肘关节之一损伤后遗留关节重度功能障碍；（19）一腕关节功能完全丧失；（20）一足 1 ～ 5 趾缺失；（21）一前足缺失；（22）四肢大关节之一人工关节术后，基本能生活自理；（23）四肢大关节之一关节内骨折导致创伤性关节炎，遗留中重度功能障碍；（24）下肢伤后短缩 >2cm，但≤ 4cm 者；（25）膝关节韧带损伤术后关节不稳定，伸屈功能正常者；（26）一眼有或无光感，另眼矫正视力≥ 0.8；（27）一眼有或无光感，另一眼各种客观检查正常；（28）一眼矫正视力≤ 0.05，另一眼矫正视力≥ 0.6；（29）一眼矫正视力≤ 0.1，另一眼矫正视力≥ 0.4；（30）双眼矫正视力≤ 0.3 或视野≤ 64%（或半径≤ 40°）；（31）单眼外伤性青光眼术后，需用药物维持眼压者；（32）双耳听力损失≥ 56dB；（33）咽成形术后，咽下运动不正常；（34）牙槽骨损伤长度≥ 8cm，牙齿脱落 10 个及以上；(35) 单侧颧骨并颧弓骨折，伴有开口困难Ⅱ度以上及颜面部畸形经手术复位者；(36) 双侧不完全性面瘫；(37) 肺叶切除术；(38) 限局性脓胸行部分胸廓成形术；(39) 气管部分切除术；(40) 食管重建术后伴反流性食管炎；(41) 食管外伤或成形术后咽下运动不正常；(42) 胃切除 1/2；(43) 小肠切除 1/2；(44) 结肠大部分切除；(45) 肝切除 1/4；(46) 胆道损伤，胆肠吻合术后；(47) 脾切除；(48) 胰切除 1/3；(49) 女性双侧乳房部分缺损；(50) 一侧肾切除；(51) 膀胱部分切除；(52) 轻度排尿障碍；(53) 阴道狭窄；(54) 尘肺壹期，肺功能正常；(55) 放射性肺炎后肺纤维化（＜两叶），肺功能正常；(56) 轻度低氧血症；(57) 心功能不全一级；(58) 再生障碍性贫血完全缓解；(59) 白细胞减少症［含量持续＜ 4×10^9/L（4000/mm^3）］；(60) 中性粒细胞减少症［含量持续＜ 2×10^9/L（2000/mm^3）］；(61) 慢性轻度中毒性肝病；(62) 肾功能不全代偿期，内生肌酐清除率＜ 70mL/min；(63) 三度牙酸蚀病。

43 什么情况下职工工伤事故伤害与职业病可评为八级伤残？

依据《劳动能力鉴定职工工伤与职业病致残等级》

（GB/T 16180—2014），以下 74 种情况之一的职工工伤可认定为八级工伤或职业病：（1）单肢体瘫肌力 4 级；（2）单手全肌瘫肌力 4 级；（3）双手部分肌瘫肌力 4 级；（4）双足部分肌瘫肌力 4 级；（5）单足部分肌瘫肌力 ≤ 3 级；（6）脑叶部分切除术后；（7）符合重度毁容标准之一项者；（8）面部烧伤植皮 ≥ 1/5；（9）面部轻度异物沉着或色素脱失；（10）双侧耳廓部分或一侧耳廓大部分缺损；（11）全身瘢痕面积 ≥ 20%；（12）一侧或双侧眼睑明显缺损；（13）脊椎压缩骨折，椎体前缘总体高度减少 1/2 以上者或脊柱不稳定性骨折；（14）3 个及以上节段脊柱内固定术；（15）一手除拇、食指外，有两指近侧指间关节离断；（16）一手除拇、食指外，有两指近侧指间关节功能完全丧失；（17）一拇指指间关节离断；（18）一拇指指间关节畸形，功能完全丧失；（19）一足拇趾缺失，另一足非拇趾一趾缺失；（20）一足拇趾畸形，功能完全丧失，另一足非拇趾一趾畸形；（21）一足除拇趾外，其他三趾缺失；（22）一足除拇趾外，其他四趾瘢痕畸形，功能完全丧失；（23）因开放骨折感染形成慢性骨髓炎，反复发作者；（24）四肢大关节之一关节内骨折导致创伤性关节炎，遗留轻度功能障碍；（25）急性放射皮肤损伤Ⅳ度及慢性放射性皮肤损伤手术治疗后影响肢体功能；（26）放射性皮肤溃疡经久不愈者；（27）一眼矫正视力≤ 0.2，另眼矫正视力

≥ 0.5；（28）双眼矫正视力等于 0.4；（29）双眼视野≤ 80%（或半径≤ 50°）；（30）一侧或双侧睑外翻或睑闭合不全者；（31）上睑下垂盖及瞳孔 1/3 者；（32）睑球粘连影响眼球转动者；（33）外伤性青光眼行抗青光眼手术后眼压控制正常者；（34）双耳听力损失≥ 41dB 或一耳≥ 91dB；（35）喉或气管损伤导致体力劳动时有呼吸困难；（36）喉源性损伤导致发声及言语困难；（37）牙槽骨损伤长度≥ 6cm，牙齿脱落 8 个及以上；（38）舌缺损＜舌的 1/3；（39）双侧鼻腔或鼻咽部闭锁；（40）双侧颞下颌关节强直，张口困难Ⅱ度；（41）上、下颌骨骨折，经牵引、固定治疗后有功能障碍者；（42）双侧颧骨并颧弓骨折，无开口困难，颜面部凹陷畸形不明显，不需手术复位；（43）肺段切除术；（44）支气管成形术；（45）双侧≥ 3 根肋骨骨折致胸廓畸形；（46）膈肌破裂修补术后，伴膈神经麻痹；（47）心脏、大血管修补术；（48）心脏异物滞留或异物摘除术；（49）肺功能轻度损伤；（50）食管重建术后，进食正常者；（51）胃部分切除；（52）小肠部分切除；（53）结肠部分切除；（54）肝部分切除；（55）腹壁缺损面积＜腹壁的 1/4；（56）脾部分切除；（57）胰部分切除；（58）甲状腺功能轻度损害；（59）甲状旁腺功能轻度损害；（60）尿道修补术；（61）一侧睾丸、附睾丸切除；（62）一侧输精管缺损，不能修复；（63）脊髓神经周围神经损伤，或盆腔、会阴手术后遗留性功能障碍者；（64）一侧肾上腺缺损；（65）单侧输卵管切除；（66）单侧卵巢切除；（67）女性单侧乳房切除或严重瘢痕畸形；（68）其他职业性肺疾患，肺功能正常；（69）中毒性肾病，持续低分子蛋白尿；（70）慢性中度磷中毒；（71）氟及其他无机化合物中毒慢性中度中毒；（72）减压性骨坏死Ⅱ期；（73）轻度手臂振动病；（74）二度牙酸蚀。

44 什么情况下职工工伤事故伤害与职业病可评为九级伤残？

依据《劳动能力鉴定职工工伤与职业病致残等级》（GB/T 16180—2014），以下42种情况之一的职工工伤可认定为九级工伤或职业病：（1）癫痫轻度；（2）中毒性周围神经病轻度感觉障碍；（3）脑挫裂伤无功能障碍；（4）开颅手术后无功能障碍；（5）颅内异物无功能障碍；（6）颈部外伤致颈总、颈内动脉狭窄，支架置入或血管搭桥手术后无功能障碍；（7）符合中度毁容标准之两项或轻度毁容者；（8）发际边缘瘢痕性秃发或其他部位秃发，需戴假发者；（9）全身瘢痕占体表面积≥5%；（10）面部有≥ $8cm^2$ 或三处以上≥ $1cm^2$ 的瘢痕；（11）两个以上横突骨折；（12）脊椎压缩骨折，椎体前缘高度减少小于1/2者；（13）椎间盘骨髓核切除术后；（14）1 ～ 2 节脊柱内固定术；（15）一拇指末节部分 1/2 缺失；（16）一手食指 2 ～ 3 节缺失；（17）一拇指指间关节僵直于功能位；（18）除拇趾外，余 3 ～ 4 指末节缺失；（19）一足拇趾末节缺失；（20）除拇趾外其他二趾缺失或瘢痕畸形，功能不全；（21）跖骨或跗骨骨折影响足弓者；（22）外伤后膝关节半月板切除、髌骨切除、膝关节交叉韧带修补术后无功能障碍；（23）四肢长管状骨骨折内固定或外固定支架术后；（24）髌骨、跟骨、距骨、下颌骨或骨盆骨折内固定术后；（25）第Ⅴ对脑神经眼支麻痹；（26）眶壁骨折致眼球内陷、两眼球突出度相差＞ 2mm 或错位变形影响外观者；（27）一眼矫正视力≤ 0.3，另眼矫正视力＞ 0.6；（28）双眼矫正视力等于 0.5；（29）泪器损伤，手术无法改进溢泪者；（30）双耳听力损失≥ 31dB 或一耳损失≥ 71dB；（31）喉源性损伤导致发声及言语不畅；（32）铬鼻病有医疗依赖；（33）牙槽骨损伤长度＞ 4cm，牙脱落 4 个及以上；（34）上、下颌骨骨折，经牵引、固定治疗后无功能障碍者；（35）一侧下颌骨髁状突颈部骨折；（36）一侧颧骨并颧弓骨折；（37）肺内异物滞留或异物摘除术；（38）限局性脓胸行胸膜剥脱术；（39）胆囊切除；（40）一侧卵巢部分切除；（41）乳腺成形术后；（42）胸、腹腔脏器探查术或修补术后。

45 什么情况下职工工伤事故伤害与职业病可评为十级伤残？

依据《劳动能力鉴定职工工伤与职业病致残等级》（GB/T 16180—2014），以下46种情况之一的职工工伤可认定为十级工伤或职业病：（1）符合中度毁容标准之一项者；（2）面部有瘢痕，植皮，异物色素沉着或脱失＞ $2cm^2$；（3）全身瘢痕面积＜5%，但≥1%；（4）急性外伤导致椎间盘髓核突出，并伴神经刺激征者；（5）一手指除拇指外，任何一指远侧指间关节离断或功能丧失；（6）指端植皮术后（增生性瘢痕 $1cm^2$ 以上）；（7）手背植皮面积＞ $50cm^2$，并有明显瘢痕；（8）手掌、足掌植皮面积＞30%者；（9）除拇趾外，任何一趾末节缺失；（10）足背植皮面积＞ $100cm^2$；（11）膝关节半月板损伤、膝关节交叉韧带损伤未做手术者；（12）身体各部位骨折愈合后无功能障碍或轻度功能障碍者；（13）四肢大关节肌腱及韧带撕裂伤术后遗留轻度功能障碍；（14）一手或两手慢性放射性皮肤损伤Ⅱ度及Ⅱ度以上者；（15）一眼矫正视力≤0.5，另一眼矫正视力≥0.8；（16）双眼矫正视力≤0.8；（17）一侧或双侧睑外翻或睑闭合不全行成形手术后矫正者；（18）上睑下垂盖及瞳孔1/3行成形手术后矫正者；（19）睑球粘连影响眼球转动行成形手术后矫正者；（20）职业性及外伤性白内障术后人工晶状体眼，矫正视力正常者；（21）职业性及外伤性白内障Ⅰ～Ⅱ度（或轻度、中度），矫正视力正常者；（22）晶状体部分脱位；（23）眶内异物未取出者；（24）眼球内异物未取出者；（25）外伤性瞳孔放大；（26）角巩膜穿通伤治愈者；（27）双耳听力损失≥26dB，或一耳≥56dB；（28）双侧前庭功能丧失，闭眼不能并足站立；（29）铬鼻病（无症状者）；（30）嗅觉丧失；（31）牙齿除智齿以外，切牙脱落1个以上或其他牙脱落2个以上；（32）一侧颞下颌关节强直，张口困难Ⅰ度；（33）鼻窦或面颊部有异物未取出；（34）单侧鼻腔或鼻孔闭锁；（35）鼻中隔穿孔；（36）一侧不完全性面瘫；（37）血、气胸行单纯闭式引流术后，胸膜粘连增厚；（38）腹腔脏器挫裂伤保守治疗后；（39）乳腺修补术后；肝外伤保守治疗后；（40）放射性损伤导致免疫功能轻度减退；（41）慢性轻度磷中毒；（42）氟及其他无机化合物中毒慢性轻度中毒；（43）井下工人滑囊炎；（44）减压性骨坏死Ⅰ期；（45）一度牙酸蚀病；（46）职业性皮肤病久治不愈。

46 工伤职工原有伤残及合并症应如何处理？

如果工伤职工受到损害的器官原来就有伤残或者疾

病史，或者在职工受到工伤损害或被鉴定为职业病后，在工伤治疗中出现合并症的，其评定致残等级以鉴定时实际的致残情况为依据。也就是说并不排除受伤器官原来就有伤残或疾病史，而是以职工经治疗后伤情稳定时的致残情况来进行劳动能力鉴定。

47 如果职工对劳动能力鉴定委员会作出的鉴定结论不服怎么办?

工伤职工对设区的市级劳动能力鉴定委员会作出的鉴定结论不服的，可以在收到该鉴定结论之日起 15 日内向省、自治区、直辖市劳动能力鉴定委员会提出再次鉴定申请。省、自治区、直辖市劳动能力鉴定委员会作出的劳动能力鉴定结论为最终结论。

48 如果职工对劳动能力鉴定委员会作出的鉴定结论不服能不能提起行政诉讼?

工伤职工对伤残等级结论不服，不能提起行政诉讼。理由有:（1）劳动能力鉴定委员会对工伤职工作出鉴定结论行为不是具体行政行为。对工伤职工进行伤残等级鉴定的劳动能力鉴定委员会是由社会保险行政部门、卫生行政部门、工会组织、经办机构代表以及用人单位代表组成，它不是行政机关。劳动能力鉴定委员会收到劳动能力鉴定申请后，从其建立的医疗卫生专家库中随机抽取 3 名或 5 名相关专家组成专家组，由专家组提出鉴定意见，劳动能力鉴定委员会才根据专家组的鉴定意见作出工伤职工的劳动能力鉴定结论。伤残登记和护理依赖程度的鉴定是医学专家组根据工伤职工的伤情作出的技术性结论，在很大程度上属于技术性和事业性工作。(2)《人力资源社会保障行政复议办法》第八条明确规定了这种情况不属于行政复议办法规定的行政复议范围。

49 职工已获交通损害全额赔偿后还能不能享受工伤保险待遇?

工伤保险关系与交通事故民事损害赔偿关系是两个不同的法律关系。从性质上看，工伤保险属于社会保险范畴，与民事损害赔偿性质上存在根本的差别。工伤保险赔付是基于工伤事故的发生，与劳动安全事故或者劳动保护瑕疵等原因有关。职工完全可以既依据《工伤保险条例》的规定享受工伤保险待遇，又可依据《道路交通安全法》的规定获得交通事故损害赔偿，所以职工已获交通损害全额赔偿后还可以享受工伤保险待遇。

50 工伤职工享有哪些工伤保险待遇赔偿项目?

工伤职工享有的工伤保险待遇赔偿项目有：(1) 工伤治（医）疗费；(2) 住院伙食补助费；(3) 外地就医交通费、食宿费；(4) 康复治疗费；(5) 辅助器具费；(6) 停工留薪期工资与福利；(7) 生活护理费；(8) 一次性伤残补助金；(9) 伤残津贴；(10) 一次性伤残就业补助金；(11) 一次性工伤医疗补助金；(12) 丧葬补助金；(13) 供养亲属抚恤金；(14) 一次性工亡补助金。

51 什么是一次性伤残补助金? 一次性伤残补助金的标准是多少?

一次性伤残补助金是工伤保险待遇的一种，是对因工伤致残的劳动者给予的一次性职业伤害补偿，给付标准依据劳动鉴定机构评定的伤残等级而给予。根据《工伤保险条例》第三十五条、三十六条、三十七条规定，标准为：一级伤残为 27 个月的本人工资，二级伤残为 25 个月的本人工资，三级伤残为 23 个月的本人工资，四级伤残为 21 个月的本人工资，五级伤残为 18 个月的本人工资，六级伤残为 16 个月的本人工资，七级伤残为 13 个月的本人工资，八级伤残为 11 个月的本人工资，九级伤残为9个月的本人工资，十级伤残为7个月的本人工资。

52 什么是一次性工伤医疗补助金?

一次性工伤医疗补助金是工伤职工因工致残被鉴定为五、六级伤残，经工伤职工本人提出，与用人单位解除或者终止劳动关系的，以及工伤职工因工致残被鉴定为七至十级伤残，劳动、聘用合同期满终止或者职工本人提出解除劳动、聘用合同的，由工伤保险基金一次性支付的医疗保障费用。具体标准由各省、自治区、直辖市人民政府规定。与此同时，用人单位还会支付一次性伤残就业补助金。

53 工伤医疗待遇包括哪些费用?

职工工伤医疗待遇包括:（1）医药费。治疗工伤所需的费用、康复性治疗的费用、安装辅助器具的费用。治疗工伤所需的费用必须符合工伤保险诊疗项目目录、工伤保险药品目录、工伤保险住院服务标准的，才能从工伤保险基金支付。工伤职工经劳动能力鉴定委员会确认，可以安装假肢、矫形器、假眼等辅助器具，所需费用按照国家标准从工伤保险基金中支付。（2）职工住院治疗工伤的伙食补助费。(3) 到外地就医的交通、食宿费用。经医疗机构出具证明，报经办机构同意，工伤职工到统筹地区以外就医所需的交通、食宿费用从工伤保险基金支付。

54 什么是工伤职工停工留薪期?

工伤职工停工留薪期是指职工发生工伤或者患职业病后，停止工作接受治疗，继续享受原工资福利待遇的期限。针对工伤职工的停工留薪期管理，北京、福建、山东、广东、云南等省、自治区、直辖市制定了《工伤职工停工留薪期管理办法》，规定了确定工伤留薪期的程序、条件、待遇等内容。

55 工伤职工的停工留薪期如何确定?

停工留薪期一般不超过 12 个月。如果伤情严重或者情况特殊需要延长期限治疗的，经设区的市级劳动能力鉴定委员会确认可以适当延长。但至多只能再延长 12 个月。工伤职工在停工留薪期满后仍需治疗的，继续享受工伤医疗待遇。

56 停工留薪期内职工有哪些待遇?

职工在停工留薪期内，享受的待遇主要有：（1）工伤医疗待遇；（2）原工资福利待遇，由所在单位按月支付；（3）生活不能自理的工伤职工在停工留薪期需要护理的，由用人单位负责。这里所称的原待遇是指职工在受伤或被确诊患职业病前，原用人单位发给职工的按照出勤对待的全部工资和福利待遇。

57 工伤职工享受生活护理费的条件和标准是什么?

生活护理费是指工伤职工已经评定了伤残等级并经劳动能力鉴定委员会确认需要生活护理的，由工伤保险基金按月支付的费用。工伤职工能否享受生活护理费取决于两方面：一是要经过劳动能力鉴定委员会评定伤残等级；二是要经劳动能力鉴定委员会确认工伤职工需要生活护理。护理费标准根据工伤职工生活自理障碍程度确定。根据进食、翻身、大小便、穿衣及洗漱、自我移动五项条件为标准分生活完全不能自理、生活大部分不能自理、生活部分不能自理三个不同等级。对应的具体标准是：生活完全不能自理、生活大部分不能自理和生活部分不能自理分别可以享受统筹地区上年度职工月平均工资50%、40%和30%的护理费。

58 工伤职工需要安装辅助器具的费用应当由谁承担?

工伤职工因工遭受工伤造成残疾，为了补偿工伤职工丧失或受损的身体功能，满足日常生活或就业需要，根据工伤职工的残疾情况和实际需要而配备一些辅助器具，如假肢、矫形器、假眼、假牙和轮椅等。安装这些辅助器的费用从工伤保险基金支付。

59 工伤职工经鉴定构成一级至四级伤残的享有哪些待遇?

职工因工致残被鉴定为一级至四级伤残的，保留劳动关系，退出工作岗位，享受以下待遇:（1）从工伤保险基金按伤残等级支付一次性伤残补助金，标准为：一级伤残为27个月的本人工资，二级伤残为25个月的本人工资，三级伤残为23个月的本人工资，四级伤残为21个月的本人工资。（2）从工伤保险基金按月支付伤残津贴，标准为：一级伤残为本人工资的90%，二级伤残为本人工资的85%，三级伤残为本人工资的80%，四级伤残为本人工资的75%。伤残津贴实际金额低于当地最低工资标准的，由工伤保险基金补足差额。(3) 工伤职工达到退休年龄并办理退休手续后，停发伤残津贴，按照国家有关规定享受基本养老保险待遇。基本养老保险待遇低于伤残津贴的，由工伤保险基金补足差额。(4) 由用人单位和职工个人以伤残津贴为基数缴纳基本医疗保险费。(5) 已经评定伤残等级的工伤职工，经劳动能力鉴定委员会确认需要生活护理的，从工伤保险基金里按月支付生活护理费。(6) 因生活需要，经劳动能力鉴定委员会确认，可以安装假肢、假眼、配置轮椅等辅助器具，所需费用从工伤保险基金中支付。

60 工伤职工经鉴定构成五级至六级伤残的享有哪些待遇?

职工因工致残被鉴定为五级至六级伤残的，享受以下待遇：(1) 从工伤保险基金按伤残等级支付一次性伤残补助金，标准为：五级伤残为18个月的本人工资，六级伤残为16个月的本人工资。(2) 保留与用人单位的劳动关系，由用人单位安排适当工作。难以安排工作的，由用人单位按月发给伤残津贴，标准为：五级伤残为本人工资的70%，六级伤残为本人工资的60%，并由用人单位按照规定为其缴纳应缴纳的各项社会保险费。

伤残津贴实际金额低于当地最低工资标准的，由用人单位补足差额。(3) 经工伤职工本人提出，该职工可以与用人单位解除或者终止劳动关系，由工伤保险基金支付一次性工伤医疗补助金，由用人单位支付一次性伤残就业补助金。一次性工伤医疗补助金和一次性伤残就业补助金的具体标准由省、自治区、直辖市人民政府规定。(4) 已经评定伤残等级的工伤职工，经劳动能力鉴定委员会确认需要生活护理的，从工伤保险基金里按月支付生活护理费。(5) 因生活需要，经劳动能力鉴定委员会确认，可以安装假肢、假眼、配置轮椅等辅助器具，所需费用从工伤保险基金中支付。

61 工伤职工经鉴定构成七级至十级伤残的享有哪些待遇?

职工因工致残被鉴定为七级至十级伤残的，享受以下待遇：(1) 从工伤保险基金按伤残等级支付一次性伤残补助金，标准为：七级伤残为 13 个月的本人工资，八级伤残为 11 个月的本人工资，九级伤残为 9 个月的本人工资，十级伤残为 7 个月的本人工资。(2) 劳动、聘用合同期满终止，或者职工本人提出解除劳动、聘用合同的，由工伤保险基金支付一次性工伤医疗补助金，由用人单位支付一次性伤残就业补助金。一次性工伤医疗补助金和一次性伤残就业补助金的具体标准由省、自治区、直辖市人民政府规定。(3) 已经评定伤残等级的工伤职工，经劳动能力鉴定委员会确认需要生活护理的，从工伤保险基金里按月支付生活护理费。(4) 因生活需要，经劳动能力鉴定委员会确认，可以安装假肢、假眼、配置轮椅等辅助器具，所需费用从工伤保险基金中支付。

62 职工因工死亡的，其近亲属有哪些待遇？

职工因工死亡，其近亲属按照下列规定从工伤保险基金领取丧葬补助金、供养亲属抚恤金和一次性工亡补助金：(1) 丧葬补助金为6个月的统筹地区上年度职工月平均工资。(2) 供养亲属抚恤金按照职工本人工资的一定比例发给由因工死亡职工生前提供主要生活来源、无劳动能力的亲属。标准为：配偶每月40%，其他亲属每人每月30%，孤寡老人或者孤儿每人每月在上述标准的基础上增加10%。核定的各供养亲属的抚恤金之和不应高于因工死亡职工生前的工资。供养亲属的具体范围由国务院劳动保障行政部门规定。(3) 一次性工亡补助金标准为上一年度全国城镇居民人均可支配收入的20倍。

63 职工因工死亡的，其供养亲属范围有哪些?

根据《因工死亡职工供养亲属范围规定》，劳动者因工死亡的，其供养亲属是指该职工的配偶、子女、父母、祖父母、外祖父母、孙子女、外孙子女、兄弟姐妹。其中子女，包括婚生子女、非婚生子女、养子女和有抚养关系的继子女，其中，婚生子女、非婚生子女包括遗腹子女；父母，包括生父母、养父母和有抚养关系的继父母；兄弟姐妹，包括同父母的兄弟姐妹、同父异母或者同母异父的兄弟姐妹、养兄弟姐妹、有抚养关系的继兄弟姐妹。

64 因工死亡职工供养亲属范围内的人员领取抚恤金需要哪些条件?

根据《因工死亡职工供养亲属范围规定》，因工死亡职工供养亲属范围内的人员依靠该因工死亡职工生前提供主要生活来源，并有下列情形之一的，可按规定申请供养亲属抚恤金：(1) 完全丧失劳动能力的；(2) 工亡职工配偶男年满 60 周岁、女年满 55 周岁的；(3) 工亡职工父母男年满 60 周岁、女年满 55 周岁的；(4) 工亡职工子女未满 18 周岁的；(5) 工亡职工父母均已死亡，其祖父、外祖父年满 60 周岁，祖母、外祖母年满 55 周岁的；（6）工亡职工子女已经死亡或完全丧失劳动能力，其孙子女、外孙子女未满 18 周岁的；（7）工亡职工父母均已死亡或完全丧失劳动能力，其兄弟姐妹未满 18 周岁的。

65 工伤职工的伤残津贴、供养亲属抚恤金、生活护理费的金额一旦确定就不再变化吗?

为了保证工伤职工享受的伤残津贴、供养亲属抚恤金、生活护理费等工伤待遇不因物价上涨而降低等，伤残津贴、供养亲属抚恤金、生活护理费由统筹地区社会保险行政部门根据职工平均工资和生活费用变化等情况适时调整。调整办法由省、自治区、直辖市人民政府规定。

66 领取抚恤金的职工家属在什么情况下停止享受抚恤金待遇?

根据《因工死亡职工供养亲属范围规定》，领取抚恤金人员有下列情形之一的，停止享受抚恤金待遇：（1）年满 18 周岁且未完全丧失劳动能力的；（2）就业或参军的；（3）工亡职工配偶再婚的；（4）被他人或组织收养的；（5）死亡的。

领取抚恤金的人员，在被判刑收监执行期间，停止享受抚恤金待遇。刑满释放仍符合领取抚恤金资格的，按规定的标准享受抚恤金。

67 职工被派往国外工作，其工伤保险关系如何处理？

职工被派往国外工作，依据前往国家或者地区的法律应该参加当地工伤保险的，参加当地工伤保险，其国内的工伤保险关系中止；依据前往国家或地区的法律不能参加当地工伤保险的，国内工伤保险不中止。

68 如果用人单位未为职工参加工伤保险，发生工伤事故后怎么办？

根据《工伤保险条例》第六十二条规定：“用人单位依照本条例规定应当参加工伤保险而未参加的，由社会保险行政部门责令限期参加，补缴应当缴纳的工伤保险费，并自欠缴之日起，按日加收万分之五的滞纳金；逾期仍不缴纳的，处欠缴数额1倍以上3倍以下的罚款。依照本条例规定应当参加工伤保险而未参加工伤保险的用人单位职工发生工伤的，由该用人单位按照本条例规定的工伤保险待遇项目和标准支付费用。用人单位参加工伤保险并补缴应当缴纳的工伤保险费、滞纳金后，由工伤保险基金和用人单位依照本条例的规定支付新发生的费用。”

附　录

工伤认定申请表

申请人：
受伤害职工：
申请人与受伤害职工关系：

填表日期：　　年　月　日

职工姓名		性别		出生日期	年　月　日
身份证号码				联系电话	
家庭地址				邮政编码	
工作单位				联系电话	
单位地址				邮政编码	
职业、工种或工作岗位				参加工作时间	
事故时间、地点及主要原因				诊断时间	
受伤害部位				职业病名称	
接触职业病危害岗位				接触职业病危害时间	
受伤害经过简述（可附页）					

续 表

<table>
<tr><td colspan="2">申请事项:

申请人签字:

年　月　日</td></tr>
<tr><td colspan="2">用人单位意见:

经办人签字:
(公章)

年　月　日</td></tr>
<tr><td rowspan="2">社会保险行政部门审查资料和受理意见</td><td>经办人签字:

年　月　日</td></tr>
<tr><td>负责人签字:
(公章)

年　月　日</td></tr>
<tr><td colspan="2">备注:</td></tr>
</table>

填表说明：

1. 用钢笔或签字笔填写，字体工整清楚。

2. 申请人为用人单位的，在首页申请人处加盖单位公章。

3. 受伤害部位一栏填写受伤害的具体部位。

4. 诊断时间一栏，职业病者，按职业病确诊时间填写；受伤或死亡的，按初诊时间填写。

5. 受伤害经过简述，应写明事故发生的时间、地点，当时所从事的工作，受伤害的原因以及伤害部位和程度。职业病患者应写明在何单位从事何种有害作业，起止时间，确诊结果。

6. 申请人提出工伤认定申请时，应当提交受伤害职工的居民身份证；医疗机构出具的职工受伤害时初诊诊断证明书，或者依法承担职业病诊断的医疗机构出具的职业病诊断证明书（或者职业病诊断鉴定书）；职工受伤害或者诊断患职业病时与用人单位之间的劳动、聘用合同或者其他存在劳动、人事关系的证明。

有下列情形之一的，还应当分别提交相应证据：

（一）职工死亡的，提交死亡证明；

（二）在工作时间和工作场所内，因履行工作职责受到暴力等意外伤害的，提交公安部门的证明或者其他相关证明；

（三）因工外出期间，由于工作原因受到伤害或者发生事故下落不明的，提交公安部门的证明或者相关部门的证明；

（四）上下班途中，受到非本人主要责任的交通事故或者城市轨道交通、客运轮渡、火车事故伤害的，提交公安机关交通管理部门或者其他相关部门的证明；

（五）在工作时间和工作岗位，突发疾病死亡或者在48小时之内经抢救无效死亡的，提交医疗机构的抢救证明；

（六）在抢险救灾等维护国家利益、公共利益活动中受到伤害的，提交民政部门或者其他相关部门的证明；

（七）属于因战、因公负伤致残的转业、复员军人，旧伤复发的，提交《革命伤残军人证》及劳动能力鉴定机构对旧伤复发的确认。

7. 申请事项栏，应写明受伤害职工或者其近亲属、工会组织提出工伤认定申请并签字。

8. 用人单位意见栏，应签署是否同意申请工伤，所填情况是否属实，经办人签字并加盖单位公章。

9. 社会保险行政部门审查资料和受理意见栏，应填写补正材料或是否受理的意见。

10. 此表一式二份，社会保险行政部门、申请人各留存一份。

劳动能力鉴定、确认申请表

市（区、县）（　　年）劳鉴字第　　号

姓　　名：________________	照　片
性　　别：________________	
身份证号：________________	
单位名称：________________	
联系电话：________________	

申请鉴定原因：

1. 工伤评残　2. 工伤直接导致其他疾病确认　3. 延长停工留薪期确认　4. 配置辅助器具确认　5. 更换辅助器具确认

6. 因病提前退休劳动能力鉴定　7. 医疗期满　8. 再次鉴定

9. 复查鉴定

认定编号：________________

工伤证号：________________

工伤认定结论：________________

伤病发生时间：________________

诊治医疗机构：________________

医疗机构伤病诊断结论：________

疾病诊治过程简述（可附页）：________

提供资料情况：

1. 定点医疗机构出具的诊断证明______张；

2. 工伤医疗服务机构出具的休假证明______张；

3. 工伤医疗服务机构安装辅助器具建议______份；

4. 门诊（住院）病历______页；

5. 检查、化验单______张；

6. 其他材料______页。

职工本人意见：______

（签字　　年　　月　　日）

用人单位意见：______

（盖章　　年　　月　　日）

备注：______

申请工伤及工伤争议处理示意图

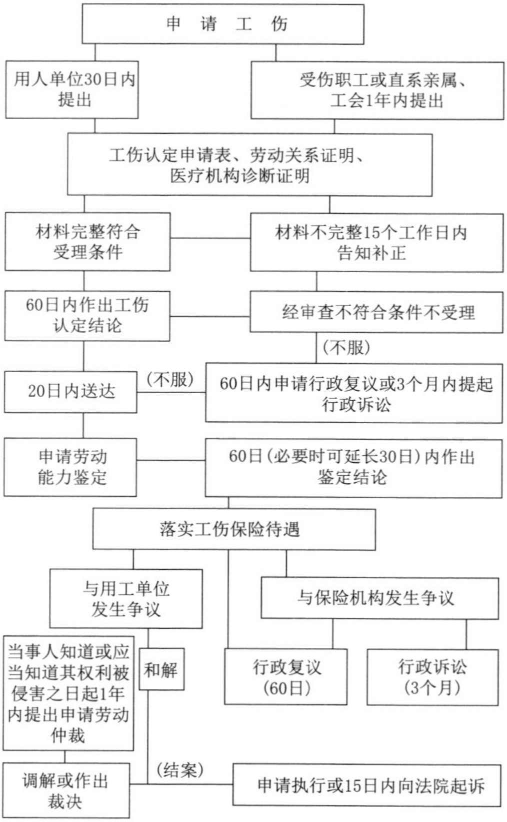

劳动能力鉴定流程图

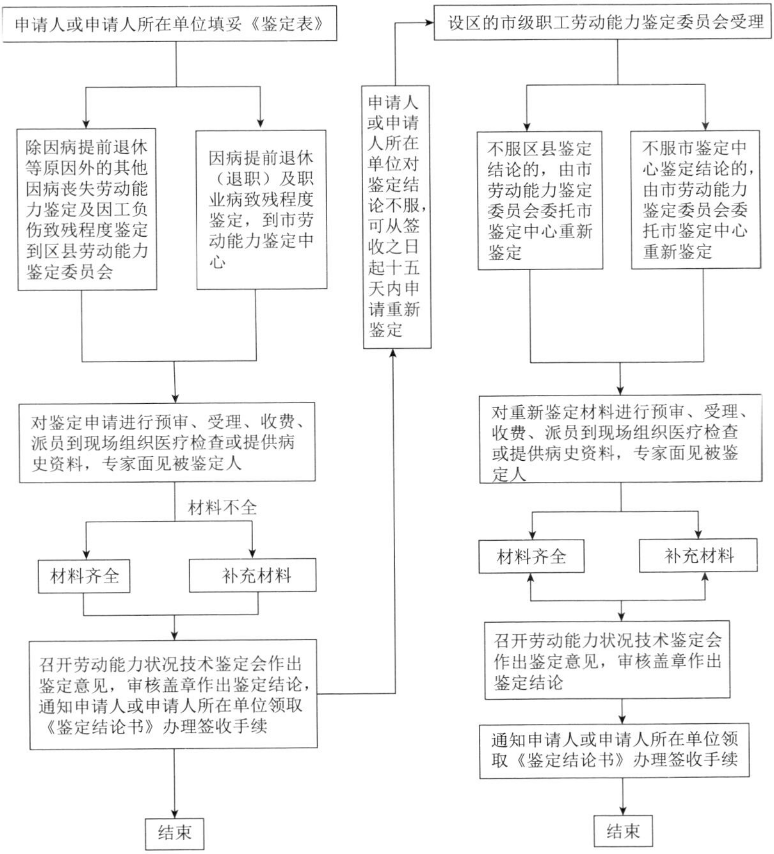
申请人或申请人所在单位填妥《鉴定表》
除因病提前退休等原因外的其他因病丧失劳动能力鉴定及因工负伤致残程度鉴定到区县劳动能力鉴定委员会
因病提前退休（退职）及职业病致残程度鉴定，到市劳动能力鉴定中心
对鉴定申请进行预审、受理、收费、派员到现场组织医疗检查或提供病史资料，专家面见被鉴定人
材料不全
材料齐全
补充材料
召开劳动能力状况技术鉴定会作出鉴定意见，审核盖章作出鉴定结论，通知申请人或申请人所在单位领取《鉴定结论书》办理签收手续
结束
申请人或申请人所在单位对鉴定结论不服，可从签收之日起十五天内申请重新鉴定
设区的市级职工劳动能力鉴定委员会受理
不服区县鉴定结论的，由市劳动能力鉴定委员会委托市鉴定中心重新鉴定
不服市鉴定中心鉴定结论的，由市劳动能力鉴定委员会委托市鉴定中心重新鉴定
对重新鉴定材料进行预审、受理、收费、派员到现场组织医疗检查或提供病史资料，专家面见被鉴定人
材料齐全
补充材料
召开劳动能力状况技术鉴定会作出鉴定意见，审核盖章作出鉴定结论
通知申请人或申请人所在单位领取《鉴定结论书》办理签收手续
结束

工伤待遇一览表

前注：1. 参加工伤保险统筹的单位，★项为工伤保险基金支出，其余各项为用人单位支出；未参加工伤保险统筹的单位，所有各项均由用人单位支出。

2. 本人工资是指工伤职工因工作遭受事故伤害或患职业病前12个月平均工资。本人工资低于工伤职工死亡时本市上年度平均工资60%的，按照职工工伤时本市上年度平均工资的60%计算。

3. 外地农民工可以一次性领取伤残津贴。

<table>
<tr><td>补偿类别
伤残类别</td><td>停工留薪期待遇</td><td colspan="4">停工留薪期一般不超过12个月，伤情严重或者情况特殊，经劳动能力鉴定委员会确认，可适当延长，但延长不得超过12个月。工伤职工享受的工资福利不变，生活不能自理的停工留薪期由单位负责护理</td></tr>
<tr><td rowspan="10">因工伤残待遇</td><td rowspan="3">★护理费按月发放</td><td>全部护理</td><td colspan="3">本市上年度职工月平均工资 ×50%</td></tr>
<tr><td>大部分护理</td><td colspan="3">本市上年度职工月平均工资 ×40%</td></tr>
<tr><td>部分护理</td><td colspan="3">本市上年度职工月平均工资 ×30%</td></tr>
<tr><td>残疾辅助器具</td><td colspan="4">需要配置残疾辅助器具的，经劳动鉴定委员会批准，按国内普通类型从工伤保险基金支付，单位没交保险的，由单位报销</td></tr>
<tr><td colspan="2" rowspan="2"></td><td rowspan="2">伤残津贴★</td><td colspan="2">一次性待遇</td></tr>
<tr><td>伤残补助金★</td><td>医疗补助金★和伤残就业补助金</td></tr>
<tr><td rowspan="4">完全丧失劳动能力</td><td>1级</td><td>本人工资×90%</td><td>本人工资的27个月</td><td rowspan="4">无</td></tr>
<tr><td>2级</td><td>本人工资×85%</td><td>本人工资的25个月</td></tr>
<tr><td>3级</td><td>本人工资×80%</td><td>本人工资的23个月</td></tr>
<tr><td>4级</td><td>本人工资×75%</td><td>本人工资的21个月</td></tr>
</table>

续 表

因工伤残待遇	大部分丧失劳动能力	5 级	本人工资×70%	本人工资的18 个月	一次性工伤医疗补助金和一次性伤残就业补助金的具体标准由省、自治区、直辖市人民政府制定
		6 级	本人工资×60%	本人工资的16 个月	
	部分丧失劳动能力	7 级	无	本人工资的13 个月	
		8 级	无	本人工资的11 个月	
		9 级	无	本人工资的9 个月	
		10 级	无	本人工资的7 个月	
因工死亡待遇	★丧葬补助金		本市上年度职工月平均工资 ×6 个月		
	★一次性工伤补助金		在工作时间和工作岗位，突发疾病死亡或在48 小时经抢救无效死亡的，按上一年度全国城镇居民人均可支配收入的 20 倍		
	★供养亲属抚恤金（按月发给）		配偶：本人工资 ×40%；其他供养亲属：本人工资 ×30%； 孤寡老人或孤儿：在以上基础上增加 10% 注：各供养亲属抚恤金之和不能超过死亡职工生前工资		

图书在版编目（CIP）数据

工伤保险条例 / 学习强会编. —北京：中国工人出版社，2022.8
（全国职工“八五”普法简明读本）
ISBN 978-7-5008-7952-7

Ⅰ. ①工… Ⅱ. ①学… Ⅲ. ①工伤保险—条例—中国—通俗读物
Ⅳ. ①D922.554

中国版本图书馆CIP数据核字（2022）第143807号

工伤保险条例

出 版 人 董 宽
责任编辑 赵晨羽
责任校对 张 彦
责任印制 栾征宇
出版发行 中国工人出版社
地　　址 北京市东城区鼓楼外大街45号 邮编：100120
网　　址 http://www.wp-china.com
电　　话 （010）62005043（总编室）
（010）62005039（印制管理中心）
（010）62382916（工会与劳动关系分社）
发行热线 （010）82029051 62383056
经　　销 各地书店
印　　刷 三河市万龙印装有限公司
开　　本 850毫米×1168毫米 1/32
印　　张 3.125
字　　数 67千字
版　　次 2022年10月第1版 2022年10月第1次印刷
定　　价 18.00元
